양심

MEET YOUR CONSCIENCE

워렌 W. 위어스비 지음 / 편집부 옮김

나침반

차례

1부_ 내적 요소

1. 양심이란 무엇인가? *10*
2. 양심에 대한 두 가지 서술 *14*

2부_ 하나님의 선물

1. 양심은 하나님의 선물이다 *25*
2. 양심은 우리의 행위를 지도한다 *28*
3. 양심은 봉사할 힘을 준다 *29*
4. 양심은 교제를 강화한다 *31*
5. 양심은 증거할 힘을 준다 *33*
6. 양심은 기도를 돕는다 *35*
7. 양심은 사회생활에 영향을 준다 *36*
8. 양심은 인격을 성숙케 한다 *38*

3부_ 선한 양심

1. 선한 양심은 효과적으로 작용한다 *46*
2. 선한 양심은 분별력을 준다 *53*
3. 선한 양심은 훈련되는 것이다 *55*

4부_ 약한 양심

1. 약한 양심의 특성 *64*
2. 약한 양심의 원인 *72*
3. 약한 양심의 치료 *75*

5부_ 강한 양심

1. 강한 양심의 특성 *87*
2. 강한 그리스도인의 책임 *92*

6부_ 악한 양심

1. 악한 양심이란 어떤 것인가? *106*
2. 악한 양심의 원인은 무엇인가? *109*
3. 악한 양심의 특징은 무엇인가? *112*
4. 어떤 이들이 악한 양심을 가지게 되는가? *116*
5. 악한 양심은 치유될 수 있는가? *118*

7부_ 양심과 사역

1. 잃어버린 자를 얻기 위해서 *126*
2. 목회 계획에 있어서 *129*
3. 하나님의 말씀 사역에 있어서 *131*
4. 비판적인 자들을 대하는 데 있어서 *135*
5. 거짓교리를 대함에 있어서 *137*

8부_ 양심과 정부

1. 성경에서의 예 *146*
2. 우리가 따라야 할 기본 원칙 *151*
3. 우리의 의무를 행하고 화평케 하라 *158*

눈은 몸의 등불이니
그러므로 네 눈이 성하면 온 몸이 밝을 것이요
눈이 나쁘면 온 몸이 어두울 것이니
그러므로 네게 있는 빛이 어두우면
그 어둠이 얼마나 더하겠느냐
(마태복음 6:22,23)

1부
내적 요소

사람의 마음 속에는 '어떤 것'이 있다.
그 '어떤 것'이 바로 양심이다.
그렇다면, 양심이란 무엇인가?
성령님께서는 우리의 길을 인도하시고
신앙이 자라게 하기 위해 양심과 함께 일하고자 하신다.

"마음속 깊이 하나님을 경외하는 내적인 것을 원합니다."

찰스 웨슬리(Charles Wesley)가 찬송 가사를 만들었을 때, 그는 양심의 원리에 대해 언급했다. 독일의 철학자 임마누엘 칸트(Immanuel Kant)는 "우리 위에 있는 경이로운 하늘과 우리 속에 있는 도덕적 계명으로 인해 마음엔 두려움이 가득하다"고 말했다.

사람의 마음속에는 '어떤 것'이 있어서 착한 일을 했을 때는 칭찬하고, 악한 일을 했을 때는 비난한다. 이 '어떤 것'이 바로 '양심'이다.

신약에는 양심이라는 단어가 32번 나오는데, 그 중에 사도 바울이 21번 사용했다. 성공적인 그리스도인의 삶을 살고자 한다면, 우리는 양심이 무엇이며 그 기능은 어떤 것인지 알아야 한다.

이제 이 양심에 대해 말하고자 한다.

첫째는 양심의 정의, 즉 "양심이란 무엇인가" 하는 것이다.

둘째는 양심의 양상, 즉 "성경은 양심을 어떻게 말하고 있는가" 하는 것이다.

양심이 무엇이며, 어떻게 작용하는지를 이해한다면, 삶은 변화될 수 있다.

사람은 양심을 완전히 벗어나서 행동할 수 없다. 양심을 지니고 있는 동안 양심과 대립하여 그것을 더럽힐 수는 있다. 그러나 우리 속에서 양심을 완전히 없앨 수는 없다. 양심을 더럽힘으로 해서 그 기능이 잘못될 수는 있지만 완전히 사라지게 할 수는 없다. 만일 양심이 하나님께서 원하시는 기능을 발휘하지 못한다면 그 사람의 인생은 비극이 될 것이다.

1. 양심이란 무엇인가?

양심이라는 영어 단어 'conscience'는 라틴어에서 유래되었다. 영어의 'with', 혹은 'together'(함께)의 뜻을 가진 'com'과 '내가 알다'는 의미의 'sscio'의 합성어인 양심은 어원적으로 '무엇과 함께 안다'는 뜻을 지니고 있다. 그러면 도대체 무엇과 함께 안다는 것인가? 우리와 함께, 즉 우리 내면에서 '함께 안다'는 의미이다. 그러므로 양심이란 우리가 스스로를 깨닫도록 도와주는 내적 지식인 것이다.

양심이라는 뜻으로 신약에 사용된 그리스어 '수네이데시스'

(suneidesis)는 라틴어와 똑같은 의미를 가지고 있다. 이 단어 역시 'sun'과 'oida'란 말의 합성어로서 '함께 알다'란 의미이다.

신약 시대에 양심이라는 말은 그리스도인들이 일상생활에서 사용하던 낯설지 않은 용어였다. 당시 이 단어는 '어떤 나쁜 행동을 했을 때 느끼게 되는 마음의 고통'을 의미했고, 그 정의는 정확하다.

그리스도인이 된 어느 아메리카 인디언이 이렇게 말한 적이 있다.

"내 마음속에는 끝이 세 개로 된 화살촉이 있어서 내가 잘못했을 때 그 화살촉이 나를 괴롭힌다. 그러나 되풀이해서 많은 잘못을 하게 되면, 그 촉이 무디어져서 별로 상처를 입지 않게 된다."

양심이 고통을 느끼지 못하게 되면 위험하다. 양심은 마음속의 표준에 따라 우리의 행동이 잘못되었는지 잘되었는지를 알려주는 내적 관념이다.

오스왈드 챔버스(Oswald Chambers)는 양심에 대해 올바른 정의를 내렸다.

"양심은 사람이 알 수 있는, 최고의 선으로 향하려는 인간의 정신 속에 내재된 기능이다."

양심은 법규가 아니고 다만 그 법을 뒷받침하는 것이다. 양심은 어떤 표준이 아니다. 다만 그 표준을 지지한다. 그 표준이란 지역에

따라 다르다.

예를 들면 영국이 신대륙을 식민지화했을 때, 그들은 인디언들에게서 폐지되어야 할 악습을 발견했다. 인디언들에게는 남편이 죽으면 아내를 함께 화장하는 악습이 있었다. 그래서 영국인은 그런 악습을 금하는 법령을 제정했다.

그러자 인디언들의 종교 지도자 중 한 사람이 영국인 관리를 찾아와서 말했다.

"우리 양심으로는 죽은 남편의 아내는 같이 화장되어야 합니다."

그러자 영국인 관리는 "우리의 양심은 당신이 그런 일을 한다면 교수형에 처해야 한다고 말하오!"라고 대답했다. 이것은 이들 두 민족의 표준의 차이를 보여준다.

올바른 표준을 가지고 있다면 양심은 우리를 바르게 인도해 줄 수 있다.

많은 사람이 경험했겠지만, 시험 때 커닝을 한다든가, 해서는 안 되는 어떤 일을 할 때, 또는 거짓말을 할 때면 괴로운 마음을 느끼는데, 이것은 마음속에서 무엇인가가 우리에게 그 일을 해서는 안 된다고 일깨워주기 때문이다. 그것이 바로 양심이다. 물론 양심이

둔화되어 괴로움을 느끼지 않는 사람도 있다. 얼마나 불쌍한 사람들인가!

아담과 하와가 하나님께 죄를 지었을 때 그들은 하나님을 피해 숨었다. 이유가 무엇인가? 양심이 그들을 찔러 두렵게 했기 때문이다.

사울이 잠든 사이에 그의 옷자락을 잘랐을 때(삼상 24:1-6), 다윗의 마음은 괴로웠다. 바로 양심 때문이었다. 그는 이스라엘 왕에게 그런 짓을 하는 것이 옳지 않다는 사실을 알았다. 비록 사울이 바른 사람은 아니었으나 어쨌든 그는 왕이었다. 사울을 존경할 수 없더라도 그의 왕이란 직위는 존경해야 했기에, 다윗은 양심에 가책을 느낀 것이다.

잠언 28장 1절의 "악인은 쫓아오는 자가 없어도 도망하나…"라는 말씀은 바로 양심을 말하고 있다. 헤롯이 예수님께서 행하시는 이적의 소문을 듣고 세례 요한이 살아났다고 말한 것은 양심이 그를 괴롭게 했기 때문에 "내가 목 벤 요한 그가 살아났다"(막 6:16)고 하며 두려워했던 것이다. 이것이 곧 양심이다.

2. 양심에 대한 두 가지 서술

이제 양심의 성격에 대해 서술하고 있는 두 가지 사항을 살펴보자. 로마서 2장 14, 15절에서는 사도 바울이, 마태복음 6장 22, 24절에서는 예수님께서 이 양심에 대해 말씀하고 있다. 바울은 양심을 내적 증인, 내적 재판자로 묘사하고 있다.

● 양심에 대한 바울의 서술

"율법 없는 이방인이 본성으로 율법의 일을 행할 때에는 이 사람은 율법이 없어도 자기가 자기에게 율법이 되나니 이런 이들은 그 양심이 증거가 되어 그 생각들이 서로 혹은 고발하며 혹은 변명하여 그 마음에 새긴 율법의 행위를 나타내느니라"(롬 2:14,15)

이방인에게는 율법이 주어진 적이 없고 유대인에게만 율법이 주어졌다. 그러나 이방인들은 마음속에 있는 양심이 율법의 일을 했다. 바울이 이방인들의 마음속에 율법이 쓰여 있다고 말하지 않았다는 사실에 주의해야 한다. 마음에 율법이 기록되는 일은 구원받기 전에는 일어나지 않는다. 우리가 구원받게 될 때에야 성령님께서 마음에 율법을 쓰기 시작하시고, 그 후에야 우리가 선과 악을 구분할 수 있게 된다. 그러나 구원받지 못한 사람들도 양심의 증거에 따라 무엇이 선하고 나쁜지 알게 된다.

우리의 마음에는 법정이 있고 그 안에는 재판관이 있어서 그가 증인과 배심원의 역할까지 수행한다. 이 재판관이 양심이다. 이 재판관은 율법을 만드는 것이 아니라 적용한다. 그래서 어떤 선한 일을 했을 때는 양심이 잘했다고 말한다. 나무라지 않고 선한 행동에 만족해하는 것이다. 그러나 잘못된 행동을 했을 때는 그 내적 증인이며 재판관이 "너는 잘못했다"라고 말하게 되고, 그래서 마음은 괴로움을 당하게 된다.

아는 바와 같이 양심은 공정하다. 양심은 율법을 무시하지 않는다. 양심은 율법을 만들지는 않지만, 율법의 정당성에 대한 증거가 된다. 어렸을 때, 즉 윤리나 도덕 같은 것을 이해하기도 전에 잘못된 일을 했을 때, 마음 깊은 곳에서 우리는 괴로워했다. 그것이 바로 양심 때문이다.

바울은 선을 행했는지 악을 행했는지 지시해 주는 내적 증인이 양심이라고 말했다.

"이런 이들은 그 양심이 증거가 되어 그 생각들이 서로 혹은 고발하며 혹은 변명하여"(15절)

바울은 모든 사람에게 이 기능이 작용한다고 했는데, 이 기능은 우리가 계발해야 하는 것이 아니라 이미 있는 것이다. 하나님께서 모든 사람에게 양심을 주신 것이다.

다시 말하면 양심은 율법이 아니고 우리가 가진 율법에 따라 작용하는 것이다. 우리에게 바른 표준이 주어졌다면 양심은 바르게 작동하게 된다. 그러므로 하나님께서 원하시는 대로 양심이 작동하기 위해서는 바른 표준을 갖는 것이 중요하다.

● 양심에 대한 예수님의 서술

마태복음 6장 22, 23절에서 예수님께서는 이렇게 말씀하셨다.

"눈은 몸의 등불이니 그러므로 네 눈이 성하면 온몸이 밝을 것이요 눈이 나쁘면 온몸이 어두울 것이니 그러므로 네게 있는 빛이 어두우면 그 어둠이 얼마나 더하겠느냐"

바울은 양심을 증인에 비교했으나 예수님께서는 양심을 창문에 비교하셨다. 창문은 빛을 발산하는 것이 아니고 빛을 통과시킨다. 우리는 하나님께서 그분의 빛을 비추어 보내시길 원하는 내적 창문을 가지고 있다. 만약 창문이 더러워지면 빛은 많이 들어오지 못한다.

재판관이 책상에 앉아 있는 것을 상상해 보라. 책상 위에는 하나님의 율법이 놓여 있는데, 창문을 통해 빛이 들어오면 율법의 모든 글자가 선명하게 보일 것이다. 그러나 창문이 더러워서 빛이 들어오지 못한다면, 율법은 잘 보이지 않게 된다. 만일 창문이 아주 더러워서 빛이 전혀 들어오지 않게 된다면 하나님의 율법은 완전히 보이지 않게 된다. 양심의 기능이 바로 이런 것이다. 양심은 우리가 가진 높은 표준을 확증해 줄 뿐이라고 말한 이유가 여기에 있다. 높은 표준이란 물론 하나님의 말씀을 말한다.

예수님께서는 양심이 우리의 눈과 같다고 말씀하셨다.

눈은 빛을 만들어 내지는 못하나 눈을 통해서 빛이 들어온다. 빛이 삶 속에 들어올 때, 빛은 우리의 인도자가 된다. 그러나 매시간 우리가 나쁜 행동만 한다면 창문은 차츰 흐려지게 되고, 결국에는 죄로 완전히 더럽혀진다. 그렇게 되면 빛은 그 창문을 통해 들어오지 못하게 되고, 결국 우리는 어둠 속에 남게 된다.

빛이 변하여 어둠이 된다는 것은 두려운 일이다. 주님께서는 빛이 사라져 버린다고 하지 않고 빛이 어둠으로 변한다고 말씀하셨다. 우리를 옳은 길로 인도해야 할 것이 도리어 악한 길로 인도하게 된다는 것이다. 이것을 성경은 악한 양심이라고 말한다.

선을 행하면 오히려 양심에 가책을 받고 악을 행하여야 기쁨을 느끼는 사람이 있다. 이것은 그 사람의 양심이 악하기 때문이다. 선을 악이라 하고 악을 선이라 하는 것은 악한 양심에서 나오는 것이다.

양심은 창문과 같으므로 그 창을 통해 빛이 들어와야 한다. 빛이 어둠이 되게 해서는 안 된다.

누구나 그리스도인이 되면 하나님께서는 그의 양심을 깨끗하게 하신다. 과거에 무엇을 했든지, 얼마나 많은 죄를 범했든지 상관없이 우리의 양심을 깨끗케 하신다. 양심이 깨끗이 청소되면, 그때 하나님의 말씀이 우리 속으로 들어오게 된다. 그리고 하나님의 말씀을 읽게 되면, 하나님의 확실한 표준을 발견하게 된다. 즉 어떤 것이 선한 것인지 분간하게 되어 어떤 것은 행해서도, 말해서도, 관여해서도 안 된다는 것을 알게 된다. 이렇게 우리가 하나님의 말씀에 순종하면 양심은 더욱 깨끗해지고 더 많은 빛이 들어오게 된다.

왜 어떤 그리스도인은 다른 사람들보다도 뛰어난 분별력을 가지고 있는지 궁금하게 생각한 적이 없는가?

또 왜 그리스도인들은 가는 곳과 해야 할 것을 미리 알고 있는지 이상하게 생각한 적은 없는가?

그들은 마음속에 방향을 제시해주는 나침반을 가지고 있기 때문이다. 바로 그것이 양심이다. 성령님께서는 우리의 길을 인도하시고 신앙이 자라게 하기 위해 양심과 함께 일하고자 하신다. 그래서 깨끗한 양심은 우리에게 선한 그리스도인으로서의 생활을 하게 한다. 양심은 바로 하나님의 축복인 것이다.

이제 양심에는 여러 종류가 있다는 것을 배울 것이다. 어떤 사람은 '약한 양심'을, 어떤 이는 '강한 양심'을, 어떤 이는 '더러운 양심'을, 또 어떤 이는 '악한 양심'을 가지고 있다. 만약 양심에 이상이 생겨서 "전에는 이런 일을 하면 밤새 잠을 못 이루고 고민했었는데, 지금은 그렇지 않다"라고 한다면, 이는 좋지 못한 것이다. 그러나 하나님께서는 그러한 양심도 깨끗케 해주시는 분이다.

우리가 매시간 죄를 짓는다면 양심의 시력은 조금씩 나빠지기 시작한다. 얼마나 죄를 지었느냐는 질문에 흔히 양심의 시력을 잃을 정도로 많은 죄를 짓지는 않았다고 생각하는데, 이것이 사실일지 몰라도 늘 이런 식으로 양심을 대하면 양심은 점차 그 시력을 잃어간다.

어떻게 보면 양심은 훌륭한 하인이다. 바로 우리와 함께 우리를 위해 일하도록 만들어졌기 때문이다. 우리가 선한 양심을 갖기 원한다면 선한 그리스도인이 될 수 있다. 예수 그리스도의 선한 증인이 될 것이며, 하나님께서 그를 위해 예비한 축복을 얻게 될 것이다. 이런 사람은 이리 가야 하나, 저리 가야 하나, 하나님께서 원하시는 것은 무엇일까 하며 망설이는 일이 없다. 이것은 건강한 양심을 가진 자만이 가질 수 있는 아름다운 경험이다.

만약 양심이 무엇인가 잘못되었다고 느낀다면, 곧 주님께 고백하고 주님과의 바른 관계를 회복하도록 하라. 꺼림칙한 양심으로 하루 일과를 시작하지 말라. 우리 주 예수 그리스도께서 우리를 용서하고 깨끗하게 하고 건강한 양심을 주신다. 이제 우리는 양심을 건강하게 하는 방법과 하나님의 영광을 위해 사는 방법을 배우게 될 것이다.

● 거리낌 없는 양심을 위한 Question

1. 마태복음 6장 22,23절에서 '눈'은 무엇을 의미한다고 생각하는가?
   _____
   _____

2. 당신은 양심의 가책을 뼈저리게 느껴본 적이 있는가?
   _____
   _____

3. 당신은 뛰어난 분별력을 가진 그리스도인이라고 생각하는가?
   _____

이것으로 말미암아
나도 하나님과 사람에 대하여
항상 양심에 거리낌이 없기를 힘쓰나이다
(사도행전 24:16)

2부
하나님의 선물

양심의 원천은 하나님이시다.
하나님은 양심을 통해 우리의 행위를 지도하시고,
그리스도인으로서의 생활을 가능하게 하는 힘을 주신다.
양심을 통해 주님을 증거할 수 있는 힘을 얻고
올바른 사회생활을 할 수 있는 영향을 받는다.

양심은 우리에게 아주 중요한 것이다. 그러므로 이를 다루는 데에 신중을 기해야 한다. 이제 양심이 왜 중요한지 여덟 가지 이유를 살펴보자.

1. 양심은 하나님의 선물이다

첫째, 양심은 하나님의 선물이므로 중요하다.

우리는 하나님의 형상(Image)으로 만들어졌다. 이것은 우리가 생각할 마음(知)과 느낄 수 있는 감정(情)과 결단할 수 있는 의지(意)를 가졌다는 것을 의미한다. 우리의 기본적인 성품은 영적인 것이다. 사람은 육과 영으로 되어 있으나 그 근본은 영이다. 그래서 어거스틴(Augustine)은 "당신은 당신을 위해 우리를 만드셨나이다. 그러므로 당신의 품속에 있기까지 우리에게는 평안이 없나이다"라고 말했다. 사람 속에 있는 하나님의 형상 중 하나가 바로 선과 악을 구별할 수 있는 능력이다.

로마서 2장 14, 15절 말씀은 사람에게 양심이 있음을 말하고 있으며, 이것은 하나님의 선물로 주어진 것이다.

많은 학자들이 양심의 근원이 어디인지를 알아내려 했고, 그로 인해 오히려 양심에 관한 잘못된 견해들이 많이 생겨나게 되었다. 어떤 이들은 양심이 우리가 존재한 이후에 점차적으로 생겼다는 진화론적 견해를 주장한다. 인간이 수세기에 걸쳐 진화하는 과정에서 양심도 함께 발전해왔다는 것이다. 다윈(Darwin)은 그의 저서 『인류의 후손』(The Descent of Man)에서 "하등 동물과 인간의 차이점 중에서 도덕적 감각과 양심이 가장 두드러진다"라고 말했다. 그러나 다윈은 양심의 근원에 대해서는 설명하지 못했다.

양심은 진화에 의한 산물이 아니며, 우리가 진화함에 따라 발전한 것도 아니다. 또한 주변 환경에 의해서 발생되는 것도 아니다.

어떤 이들은 양심이 사회 표준의 종합이라고 말하기도 한다. 철학자 쇼펜하우어(Schopenhauer)는 "양심의 1/5은 두려움으로, 1/5은 미신으로, 1/5은 편견으로, 1/5은 허영으로, 1/5은 습관으로 구성되었다"라고 말했다. 다시 말해서 양심을 주변 사회로부터 혼합되어 생겨난 토스트 샐러드와 같다고 말하는 것이다.

그러나 사회는 우리에게 어떤 표준을 제시하지만 양심 자체를 주지는 않는다. 또한 양심은 우리가 가진 표준에 의해 작동하지만 어떤 표준을 만들지는 못한다. 양심은 오직 빛을 들어오게 하는 창문일 뿐이지 빛을 만들지 못한다. 서로 다른 곳에 살고 있는 세계 각국의 사람들은 각기 다른 관습과 표준을 가지고 있으나 어디를 가든 양심은 똑같은 원리 아래 작용한다.

양심은 인간에게 후천적으로 따라오는 것도 아니며 사회로부터 오는 것도 아니다. 또한 우리 내부로부터 오는 것도 아니다. 많은 정신 의학자들은 우리가 스스로 양심을 만들어낸다고 주장하면서 어머니나 아버지가 자녀를 교육하고 훈련시킨 결과로 양심이 생겨났다고 말한다.

그러나 나는 이런 논리에 동의할 수 없다. 양심은 하나님께서 주신 분명한 선물이기 때문이다.

하나님의 말씀인 성경에 의하면, 양심은 위에서부터 주어진다. 양심은 보편적인 현상의 하나로 세계 어느 곳에서나 발견된다. 그러므로 양심의 원천은 모두 동일하며, 그 동일한 원천은 하나님이시다. 하나님께서 양심이라 불리는 놀라운 기능을 사람들의 마음에 두신 것이다. 그러므로 하나님의 선물인 양심을 조심스럽게 다루어야 한다.

2. 양심은 우리의 행위를 지도한다

둘째, 양심은 우리의 행위를 지도하기 때문에 중요하다.

누군가가 "양심을 안내자로 삼으라"는 말을 했는데, 이것은 수긍할 수 있는 좋은 충고라고 생각된다. 그러므로 양심이 바른 지침과 표준을 갖도록 하는 것은 매우 중요한 일이다.

사도행전 24장 16절에서 사도 바울은 다음과 같이 말했다.

"이것으로 말미암아 나도 하나님과 사람에 대하여 항상 양심에 거리낌이 없기를 힘쓰나이다"

사도 바울은 거리낌 없는 양심을 갖기 위해 힘써야 한다고 말했다. 양심이 지속적인 훈련을 받지 못하면, 차츰 그 기능이 저하되어 하나님과 사람에게 거리끼는 것조차도 없게 된다. 그러나 양심이 정상적으로 작동할 때는 우리의 인도자가 된다.

성령님께서는 양심을 사용하길 원하신다.

로마서 9장 1절에서 바울은 "내 양심이 성령 안에서 나로 더불어 증거한다"고 말했다. 성령님께서는 하나님의 말씀을 통해서 우리에게 하나님의 뜻을 나타내시고, 우리의 양심 또한 이 일을 거든다.

만약 양심이 이와 같이 일한다면, 우리는 나아갈 길을 지시하는 나침반과 앞길을 비춰주는 등불과 삶의 지혜를 주는 율법을 가지고 있는 것이다.

3. 양심은 봉사할 힘을 준다

셋째, 양심은 그리스도인으로서의 생활을 가능하게 하는 힘을 주기 때문에 중요하다.

"이 교훈의 목적은 청결한 마음과 선한 양심과 거짓이 없는 믿음

에서 나오는 사랑이거늘"(딤전 1:5)

곧 하나님의 말씀 사역은 우리로 하여금 청결한 마음에서 나오는 사랑과 거짓 없는 믿음에서 오는 선한 양심과 진실한 사랑을 갖도록 하기 위함이라는 뜻이다.

"믿음과 착한 양심을 가지라 어떤 이들은 이 양심을 버렸고 그 믿음에 관하여는 파선하였느니라"(딤전 1:19)

양심을 우리 뜻대로 조정하면서 일하게 되면, 우리는 파선하게 된다. 양심은 우리를 인도하는 나침반과 같기 때문에 나침반의 지시를 따르지 않거나 나침반을 마음대로 조절하면 그 종말은 파선하는 것뿐이다.

또한 디모데전서 3장 9절에서 바울은 집사가 되기 위해서는 깨끗한 양심에 믿음의 비밀을 가진 자라야 한다고 말한다. 곧 양심은 그리스도인들의 사역과 생활에 밀접하게 연관되어 있음을 말한다.

고린도후서 4장 2절에서도 바울은 "이에 숨은 부끄러움의 일을 버리고 속임으로 행하지 아니하며 하나님의 말씀을 혼잡하게 하지 아니하고 오직 진리를 나타냄으로 하나님 앞에서 각 사람의 양심에 대하여 스스로 추천하노라"라고 말하고 있다.

고린도후서 5장 11절은 "우리가 주의 두려우심을 알므로 사람들을 권면하거니와 우리가 하나님 앞에 알리어졌으니 또 너희의 양심에도 알리어지기를 바라노라"고 말씀한다.

사도 바울은 사역을 할 때 깨끗한 양심으로 하기 위해, 그리고 다른 사람들의 양심을 보살피기 위해서 조심했다. 양심은 우리에게 그리스도인의 생활을 할 수 있는 힘을 주기 때문에 중요하며, 양심이 깨끗할 때 우리는 어떠한 적도 대항해 싸울 수 있다.

4. 양심은 교제를 강화한다

넷째, 양심은 또한 그리스도인들의 교제를 강화시켜 준다.

로마서 14, 15장과 고린도전서 8-10장에서 어떤 이들은 강한 양

심을, 어떤 이들은 약한 양심을 가지고 있음을 보게 된다. 그런데 종종 약한 양심을 가진 사람들은 교회 내의 교제에서 문제를 일으킬 수 있다. 강한 양심을 가진 사람도 마찬가지이나 이들의 양상은 조금 다르다.

바울이 살았던 당시 로마에 있던 어떤 교인들은 '약한 양심'을 가지고 있어서 고기를 먹지 않았으나, 고린도교회의 어떤 이들은 '강한 양심'이 있어서 고기뿐 아니라 우상에게 바쳤던 음식도 거리낌없이 먹었다. 그래서 바울은 이들에게 편지를 써서 약한 양심과 강한 양심의 참된 의미를 설명했다.

강한 양심을 가지고 있다고 해서 죄를 지어도 상관없는 것은 아니다. 강한 양심을 가지고 있는 사람들은 하나님의 말씀 속에서 갖는 특권과 자유를 주장하지만, 이러한 특권과 자유가 다른 사람을 실족케 하는 데 사용되어서는 안 된다. 강한 양심을 갖는 것이 무엇인지 바로 알게 된다면, 교회 내에서 일어나는 많은 문제들을 해결할 수 있을 것이다.

한 하늘 아래 태양 빛을 받으면 사는 사람들은 다 각기 다른 특성을 가지고 있다.

그리스도인이라 해도 하나님의 말씀의 진리를 다 수용하고 그대로 실천하며 살 정도로 충분히 신앙이 깊은 것은 아니다. 그래서 강한 양심을 가지고 있는 사람들이 약한 양심을 가진 사람들을 포용하고 그들이 주님 안에서 성장하도록 도와야 한다는 사실을 모르고 있을 때가 있다.

양심은 서로 수용하고 돕는 데서 교제를 강화해 주는 것이다.

5. 양심은 증거할 힘을 준다

양심이 중요한 다섯 번째 이유는, 주님을 증거할 수 있는 힘을 주기 때문이다.

강하고 선한 양심을 가지고 있다 해도 우리는 인생의 어려운 문제에 직면하는 것을 꺼린다. 그러나 이런 것들이 오히려 주님을 증거할 기회가 될 수 있다는 것을 깨달아야 한다.

베드로전서 2장 19절에 "부당하게 고난을 받아도 하나님을 생각함으로 슬픔을 참으면 이는 아름다우나"라는 말씀이 있다. 누구든지 자기가 잘못해서 고난을 받는다면 은혜를 입지는 못할 것이다. 그러나 선을 행하고도 그 일로 인해 고난을 받는다면, 이것은 문제가 다르다. 이러한 고난을 통해 무엇을 얻을 수 있는가? 바로 선한 양심을 얻게 된다. 우리와 하나님 사이에서 양심에 거리낌이 없다면 사람들이 우리에 대해 말하는 것이나 행동하는 것에는 차이가 없을 것이다.

"너희 마음에 그리스도를 주로 삼아 거룩하게 하고 너희 속에 있는 소망에 관한 이유를 묻는 자에게는 대답할 것을 항상 준비하되 온유와 두려움으로 하고 선한 양심을 가지라 이는 그리스도 안에 있는 너희의 선행을 욕하는 자들로 그 비방하는 일에 부끄러움을 당하게 하려 함이라" (벧전 3:15, 16)

선한 양심은 우리에게 증거할 힘을 준다. 양심이 정죄하지 않는다면, 어떤 것도 우리의 증거하는 입을 막을 수 없다. 우리가 하나님과의 사이에서 무언가 잘못하고 있다면, 어떤 장벽이 생겼다면 좋은 증인이 될 수는 없을 것이다.

6. 양심은 기도를 돕는다

선한 양심을 가져야 할 여섯 번째 이유는, 양심이 기도하는 것을 돕기 때문이다.

"이로써 우리가 진리에 속한 줄을 알고 또 우리 마음을 주 앞에서 굳세게 하리니 이는 우리 마음이 혹 우리를 책망할 일이 있어도 하나님은 우리 마음보다 크시고 모든 것을 아시기 때문이라 사랑하는 자들아 만일 우리 마음이 우리를 책망할 것이 없으면 하나님 앞에서 담대함을 얻고 무엇이든지 구하는 바를 그에게서 받나니 이는 우리가 그의 계명을 지키고 그 앞에서 기뻐하시는 것을 행함이라" (요일 3:19,22)

기도하기 위해 무릎을 꿇었을 때, 양심이 우리를 책망한다면 하나님께 기도하기 전에 그 어그러진 것을 바르게 해야 한다. 기도로 하나님께 나아갈 때, 우리가 양심의 가책을 받지 않고 기도할 수 있도록 양심은 우리의 잘못을 깨우쳐 준다.

그래서 시편 기자는 "내가 나의 마음에 죄악을 품었더라면 주께서 듣지 아니하시리라"(시 66:18)고 했다.

곧 양심은 기도를 좌우하는 것이다. 우리가 주님께 기도를 드릴 때 하나님께나 사람에 대해서 거리끼는 것이 없다면 효과적인 기도를 드릴 수 있게 된다.

예수님께서도 산상설교 중에 이에 관해 말씀하셨다.

"그러므로 예물을 제단에 드리려다가 거기서 네 형제에게 원망들 을 만한 일이 있는 것이 생각나거든 예물을 제단 앞에 두고 먼저 가서 형제와 화목하고 그 후에 와서 예물을 드리라"(마 5:23, 24)

7. 양심은 사회생활에 영향을 준다

우리가 양심을 주의 깊게, 조심해서 다루어야 하는 일곱 번째 이유는, 양심이 사회생활에 영향을 주기 때문이다.

그리스도인들이 정부에 복종해서는 안 되는 때가 있는가? 로마서 13장은 모든 사람은 위에 있는 권력들에게 복종해야 한다고 말하고 있다. 이는 모든 권세가 하나님께로부터 주어졌기 때문이다.

곧 하나님께서 정부를 세우셨기 때문에 그 법률에 복종해야 한다. 정부는 질서를 유지하기 위해 형사권을 가지고 있으므로 우리가 그 법에 복종치 않을 때 처벌을 받게 된다.

또 로마서 13장 5절에서 바울은 "그러므로 복종하지 아니할 수 없으니 진노 때문에 할 것이 아니라 양심을 인하여 할 것이라"고 말한다.

주변에 양심 때문에 법을 어기는 이들이 있는데 이런 것을 어떻게 보아야 할 것인가?

성경 말씀에 시민 불복종(Civil Disobedience)이라는 말이 있는가? 양심이 바르게 작용하고 있다면 어느 때에 법을 따라야 하며, 어느 때에 거부해야 하는지를 알게 될 것이다.

만일 주님을 증거하지 말라는 명령을 받을 때, 다니엘처럼 기도하지 말라는 명령을 받았을 때, 혹은 출애굽 당시 이스라엘의 산파들처럼 어린아이들이 태어나면 죽이라는 명령을 받을 때는 어떻게

하겠는가?

양심은 사회생활을 지도하여 좋은 시민이 되게 하며, 또한 사회의 시민으로서의 권리를 하나님의 영광을 위해 사용하도록 인도할 것이다.

8. 양심은 인격을 성숙케 한다

양심을 관심 있게 돌보아야 하는 여덟 번째 이유는, 양심이 인격을 성숙하게 하기 때문이다.

"이는 젖을 먹는 자마다 어린아이니 의의 말씀을 경험하지 못한 자요 단단한 음식은 장성한 자의 것이니 그들은 지각을 사용하므로 연단을 받아 선악을 분별하는 자들이니라"(히 5:13~14)

이 말씀은 그리스도인의 삶의 성숙과 성장에 관해 말하고 있다. 만약 우리가 재능을 사용하지 않고 묻어 둔다면, 그 재능은 아무 쓸모가 없게 된다. 우리가 오른팔을 사용하지 않고 몸에 묶어 둔다면 오른팔의 기능은 퇴화해버릴 것이다.

영적 감각 역시 이와 같이 작용한다. 만일 영적 감각을 사용하지 않으면, 우리는 선과 악을 분별하는 능력을 배우지 못하며, 또한 그리스도인의 성숙한 인격으로 성장하지도 못하게 된다. 그러므로 선한 양심, 순결한 양심, 거리낌이 없는 양심을 갖기 위해 양심을 계발해 나가는 것은 매우 중요하다. 이로써 우리의 인격이 성숙해지기 때문이다.

이 여덟 가지의 이유를 통해 양심의 중요성에 대해 알게 되었을 것이다. 이제는 우리의 양심에 대해 방관한다든가, 방치한다든가, 양심을 가지고 장난할 여유가 없다.

양심은 우리에게 주어진 하나님의 선물이므로 우리의 행동을 지도해 주고, 그리스도인으로서의 생활을 할 수 있게 하고, 우리의 교제를 강화시키고, 주님을 증거할 힘을 주고, 기도를 돕고, 사회생활에 영향을 끼치며, 궁극적으로 우리의 인격을 성숙하게 해 준다. 바로 이것이 찰스 웨슬리(Charles Wesley)가 "마음속 깊이 하나님을 경외하는 내적 요소를 원합니다"란 찬송가를 쓴 이유다. 여기서 내적 요소는 바로 양심이다.

만일 당신이 예수 그리스도를 개인적으로 알지 못하고 있다면 지금 곧 그분을 구세주로 영접하기 바란다. 그러면 그가 당신의 양심을 깨끗케 하실 것이며, 당신의 생애가 하나님의 영광을 위해 쓰이도록 그 양심이 도와줄 것이다.

● 거리낌 없는 양심을 위한 Question

1. 양심의 근원은 어디라고 생각하는가?

2. 당신이 그리스도인으로서 생활을 가능하게 하기 위한 힘은 어디에서 비롯되는가?

3. 당신은 기도할 때 거리낌이 없는 양심으로 하나님께 구하기를 힘쓰는가?

양심은 우리에게 주어진 하나님의 선물이므로

우리의 행동을 지도해 주고,

그리스도인으로서의 생활을 할 수 있게 하고,

우리의 교제를 강화시키고,

주님을 증거할 힘을 주고,

기도를 돕고,

사회생활에 영향을 끼치며,

궁극적으로 우리의 인격을 성숙하게 해 준다.

MEET YOUR
CONSCIENCE

그리스도의 피가
어찌 너희 양심을
죽은 행실에서 깨끗하게 하고
살아 계신 하나님을 섬기게 하지 못하겠느냐
(히브리서 9:14)

3부
선한 양심

선한 양심은 그리스도인이 정도(正道)를 걷도록 인도한다.
또한 선한 싸움에서 승리하도록 이끌 뿐만 아니라 정직하게 한다.
우리는 선한 양심을 갖기 위해 끊임없이 훈련하여 올바른 분별력으로 빛의 역할을 감당하여야 한다.

양심은 우리가 그리스도인답게 살 수 있도록 돕기 위해 하나님께서 주신 선물이다. 이미 살펴보았듯이 신약 성경은 많은 종류의 양심이 있음을 말해 주고 있다.

순결한 양심이 있는가 하면 부패한 양심이 있고, 선한 양심과 악한 양심, 강한 양심과 약한 양심이 있다.

이제 이 중에서 선한 양심의 특성에 초점을 맞추어 보자. 사도 바울은 사도행전 24장 16절에서 이렇게 말한다.

"이것으로 말미암아 나도 하나님과 사람에 대하여 항상 양심에 거리낌이 없기를 힘쓰나이다."

선한 양심의 특성은 무엇인가?
선한 양심에는 적어도 세 가지의 특성이 있다.

1. 선한 양심은 효과적으로 작용한다

첫째, 선한 양심은 효과적으로 작용한다.

움직이지 않는 자동차를 갖고 있다면, 우리는 그것을 좋은 자동차라고 하지 않는다. 이와 마찬가지로 양심이 효과적으로 기능을 발휘하지 않는다면, 그것을 선한 양심, 즉 좋은 양심이라고 말할 수 없다. 선한 양심은 삶 속에서 실제로 올바른 기능을 발휘하는 것이다.

● 선한 양심은 우리로 제 길을 이탈하지 않게 한다.

"내가 마게도냐로 갈 때에 너를 권하여 에베소에 머물라 한 것은 어떤 사람들을 명하여 다른 교훈을 가르치지 말며 신화와 끝없는 족보에 몰두하지 말게 하려 함이라 이런 것은 믿음 안에 있는 하나님의 경륜을 이룸보다 도리어 변론을 내는 것이라 이 교훈의 목적은 청결한 마음과 선한 양심과 거짓이 없는 믿음으로 나오는 사랑이거늘"(딤전 1:3-5)

바울은 디모데에게 하나님께서 하신 말씀의 가르침에 굳게 설 것을 말하고 있다. 그렇게 함으로써 우리에게 선한 양심이 있게 되며, 그 선한 양심은 우리로 제 길을 벗어나지 않게 해준다. 6절에 "이에서 벗어나"라는 말씀이 있는데, 이 구절은 사람들이 목표를 잃어버렸다는 뜻이다. 즉 제 길에서 이탈하여 벗어났다는 것이다.

이미 알고 있듯이 하나님께서는 우리 각자에게 갈 길을 주셨고 우리는 그 길에서 행해야 한다.

만일 그 길에서 행하지 못하면 우리는 하나님께서 각자에게 주신 목적을 이룰 수 없게 된다. 선한 양심은 하나님께서 주신 이 길을 벗어나 헛된 말이나 어리석은 논쟁에 빠지지 않도록 해준다.

나는 30여 년간 목회 사역을 하면서 많은 사람들이 그리스도인으로서의 길에서 벗어나는 것을 보아왔다. 너무도 쉽게 목표를 벗어났다. 그들은 우회해야 하는 길로 빠지거나 하찮은 것들로 인해 넘어졌다. 또 어떤 이들은 불행하게도 죄를 지어 신앙을 버리는 경우도 있었다.

선한 양심은 우리를 이런 것에서 지켜주는 기능을 한다.

● 우리로 승리하게 한다.

선한 양심은 우리가 승리하도록 도와준다.

디모데전서 1장 18, 19절에 보면, "아들 디모데야 내가 네게 이 교훈으로써 명하노니 전에 너를 지도한 예언을 따라 그것으로 선한 싸움을 싸우며 믿음과 착한 양심을 가지라 어떤 이들은 이 양심을 버렸고 그 믿음에 관하여는 파선하였느니라" 하는 말씀이 있다.

제 길을 벗어나면 우리는 파선하게 된다. 우리는 길을 벗어나지 않기 위해 싸우고 있다. 이 선한 싸움을 싸워야만 한다. 어떤 싸움은 나쁜 목적에서 온 것이지만, 우리의 싸움은 육과 세상의 마귀에 대항하는 선한 싸움이다. 믿음과 선한 양심을 가진 이들만이 싸워 승리할 것이다. 이 삶의 싸움을 싸우는 데 있어서 그 기능을 잘 발휘해 주는 선한 양심처럼 우리에게 용기를 줄 수 있는 것은 없다.

디모데는 그가 목회하던 에베소에서 이 싸움을 해야 했다. 에베소는 목회하기에 쉬운 곳이 아니었다. 가끔 동료 목회자들이 내게 편지나 전화를 해서 이렇게 말하고는 한다.

"위어스비 목사, 나는 정말 어려운 곳에 있다네."

그러나 사실 쉬운 곳은 없다.

우리가 예수 그리스도의 깃발을 들고 서기만 하면, 사단은 우리와 싸우려고 할 것이고, 할 수만 있다면 교회의 성도까지 이용해서 대적할 것이다. 그러나 우리가 믿음과 선한 양심을 굳게 붙잡고 있다면 선한 싸움을 싸워 이길 것이다.

● 우리로 정직하게 한다.

선한 양심은 우리가 가야 할 길에서 이탈하지 않게 하고, 승리를 얻게 할 뿐만 아니라 정직하게 한다.

히브리서 13장 18절은 "우리를 위하여 기도하라 우리가 모든 일에 선하게 행하려 하므로 우리에게 선한 양심이 있는 줄을 확신하노니 내가 더 속히 너희에게 돌아가기 위하여 너희가 기도하기를 더욱 원하노라"고 말씀한다. 여기서 "선하게 행하려 하므로"의 "선하게"라는 말의 원뜻은 "아름답게, 외관상으로 어울리게"이다.

그리스도인의 삶이야말로 아름다운 삶이 되어야 한다. 그리스도

인이 문제를 만들어서는 안 된다. 오히려 문제를 해결해 주는 해결사가 되어야 한다. 그러나 일반적으로 그리스도인은 문제를 만들지는 않지만 문제를 드러내고 있다. 문제가 노출될 때는 이미 문제가 생기게 된다.

그러나 선한 양심을 가졌다면 우리는 정직한 삶, 곧 아름다운 생활을 해나갈 수가 있다. 그리고 사람들은 우리에게 "그에게는 무엇인지 정말 사랑스러운 면이 있어"라고 하게 될 것이다.

그리스도인이 갚아야 할 것을 갚지 않는다든가 사업 관계자들에게 좋지 않는 평판을 받고 있는 것은 실로 불행한 일이다.

선한 양심을 가진 사람이라면 갚아야 할 것을 갚고 신용을 지킬 것이다. 왜냐하면 그의 선한 양심이 정직한 삶을 살도록 돕기 때문에 모든 약속에 있어서 진실하게 임하게 되기 때문이다.

● 우리로 주님의 증인이 되게 한다.

베드로전서 3장 14-17절 말씀을 통해 **선한 양심**은 우리로 하여금 주님의 증인이 되게 한다는 사실을 알게 된다.

"그러나 의를 위하여 고난을 받으면 복 있는 자니 그들이 두려워 하는 것을 두려워하지 말며 근심하지 말고 너희 마음에 그리스도를 주로 삼아 거룩하게 하고 너희 속에 있는 소망에 관한 이유를 묻는 자에게는 대답할 것을 항상 준비하되 온유와 두려움으로 하고 선한 양심을 가지라 이는 그리스도 안에 있는 너희의 선행을 욕하는 자들로 그 비방하는 일에 부끄러움을 당하게 하려 함이라 선을 행함으로 고난 받는 것이 하나님의 뜻일진대 악을 행함으로 고난 받는 것보다 나으니라"

베드로는 이 글을 잘못한 일도 없이 중상을 당하는 사람들에게 쓰고 있다. 무고하게 모함을 당한다는 것은 참으로 견디기 어려운 일이다. 그들은 행하지도 말하지도 않은 일에 대해서 고소를 당한 것이다.

어떻게 이들이 그 고소가 잘못되었음을 증명할 수 있는가? 재판을 요구할 것인가? 아니면 이에 대항하는 모임을 만들어 싸울 것인가?

베드로는 오직 이렇게 말하고 있을 뿐이다.

"주님을 증거할 준비를 하고 있으라."

장애는 오히려 기회가 될 수 있다. 사람들이 우리를 무고히 괴롭히려 한다면 그것은 우리가 선한 양심을 가지고 있다는 것을 증명할 기회가 된다. 우리가 만일 악을 행했다면 양심은 우리를 꾸짖고 정죄할 터이나 선을 행했다면 우리로 담대하게 한다. 사람들이 우리를 거짓으로 비방할 때에 선한 양심처럼 우리를 담대하게 해줄 수 있는 것은 없다.

선한 양심은 우리에게 효과적인 힘을 준다.
첫째, 우리로 하여금 바른 길에서 이탈하지 않게 하고, 둘째, 승리하는 생활을 하게 하며, 셋째, 정직하게 하며, 넷째, 어려운 상황에서도 주님을 증거할 수 있게 한다.
선한 양심을 저버린 사람은 어그러진 길로 들어서게 되며, 삶의 위험한 암초로 접근해 오래지 않아 파선하고 만다. 사울의 예를 보면 양심을 스스로 조정하기 시작하자 오래 지나지 않아 어그러진 길로 들어서게 되었다. 그래서 승리를 잃게 되고 거짓말을 하고 변명하게 되었다. 결국 오래지 않아 그는 죽고 말았다.
선한 양심을 갖는다는 것은 가장 효과적인 힘을 주는 것이다.

2. 선한 양심은 분별력을 준다

선한 양심의 두 번째 특성은, 분별력을 준다는 것이다.

선한 양심을 가진 사람은 하나님의 말씀으로 가르침을 받고 성령의 인도함을 받게 된다.

예수님께서는 양심을 빛을 받아들이는 창문으로 비유하셨다. 그래서 마태복음 6장 22, 23절에 보면 "눈은 몸의 등불이니 그러므로 네 눈이 성하면 온몸이 밝을 것이요 눈이 나쁘면 온몸이 어두울 것이니 그러므로 네게 있는 빛이 어두우면 그 어둠이 얼마나 더하겠느냐"라고 하셨다.

양심은 빛을 받아들이는 창문이다. 하나님의 말씀에서 더 많은 빛을 받으면 받을수록 양심은 더욱 그 기능이 발휘된다. 양심은 사람이 알고 있는 가장 높은 표준에 의해 작용하게 되는데, 성숙한 그리스도인이 되면 될수록 그 표준은 더 높아지게 된다.

처음 주님을 영접했을 때, 우리는 많은 것을 배우게 된다. 빛이 마음속에 비추게 되면 우리는 마음속에 있는 거미줄과 쌓인 먼지

를 보게 되고 그것들을 떨어버리는 일을 하게 된다.

그렇게 우리가 하나님을 알게 될수록 그분의 은혜를 더 깊이 알게 되고, 우리의 양심은 더욱 그 기능을 발휘한다. 이것이 바로 우리가 왜 하나님의 말씀을 읽어야 하며 서로를 권면하고 성령의 빛을 구해야 하는지에 대한 이유이다.

고린도전서 8장에서 사도 바울은 지식과 양심은 병행한다고 말한다. 어떤 사람은 양심을 비춰줄 지식이 없어서 양심이 그들을 괴롭히지 않는 수가 있다.

빛이 없으므로 어둠을 가지게 되는 것이며, 이 어둠은 미신과 무지의 어둠인 것이다.

존 녹스(John Knox)가 스코틀랜드에서 복음을 전하면서 교회 개혁을 시도했을 때, 그와 다른 신앙을 가지고 있던 메리(Mary) 여왕이 그 일에 반대하고 나섰다. 어느 날 여왕은 그에게 "내 양심으로는 네 말처럼 그렇지가 않다"라고 말했다.

그때 녹스는 이같이 대답했다.

"여왕 폐하, 양심은 지식이 따라야 합니다. 저는 폐하에게 바른 지식이 없음이 두려울 따름입니다."

선한 양심은 효과적으로 빛을 비춘다. 그리고 세 번째로 선한 양심은 훈련되는 것이다.

3. 선한 양심은 훈련되는 것이다

사도행전 24장 16절에서 바울은 총독 벨릭스에게 이렇게 말했다.

"이것으로 말미암아 나도 하나님과 사람에 대하여 항상 양심에 거리낌이 없기를 힘쓰나이다"

양심은 마치 근육과 같아 운동을 해야 한다. 양심이 운동하지 아니하고 쉬기만 한다면 머지않아 악한 양심이 되어버린다. 히브리서 5장 13절 말씀이 이를 잘 말해 주고 있다.

"이는 젖을 먹는 자마다 어린아이니 의의 말씀을 경험하지 못한

자요 단단한 음식은 장성한 자의 것이니 그들은 지각을 사용하므로 연단을 받아 선악을 분별하는 자들이니라"

우리의 육체적인 지각 능력은 훈련을 통해서 놀라운 정도로 능숙해질 수 있다. 더 잘 듣기 위해서, 더 잘 보기 위해서 가르침을 받아야 한다. 그런 훈련을 통해 어떤 이들은 놀라울 정도의 감각을 가지고 있다.

우리의 미각 역시 훈련을 통해 놀라운 감각을 가질 수 있다. 이와 마찬가지로 영적인 감각들 — 영적인 시각, 영적인 청각, 영적인 미각 — 에서도 우리가 분별력을 갖기 원한다면 훈련해야 한다.

그리고 이런 훈련이 양심을 좌우하게 된다.

양심이 훈련되지 않으면 좋은 양심이 될 수가 없.

하나님의 말씀을 순종하려고 할 때, 그리고 하나님께서 우리에게 하라고 명하신 것들을 실행할 때, 우리의 양심은 훈련된다.

마치 음악가가 음악을 연습하면서 실력을 키워가듯이, 요리사가 계속 음식을 만들면서 기술을 익혀가듯이, 화가가 많은 그림을 그리면서 실력을 쌓아가듯이, 그리스도인들은 하나님의 말씀에 순종하면서 선과 악을 분별하는 날카로운 감각을 발달시킨다. 선한 양심도 그런 훈련의 결과이다.

히브리서 5장 13절에서 "경험하지 못한"이라고 번역된 헬라어의 의미는 경험이 없다는 뜻이며, "연단을 받아"라고 번역된 "gumnazo"라는 단어에서 영어의 "gymnasium"(체육관)이란 말이 생겼다. 그리스도인이야말로 육체적인 훈련의 신봉자들이었다. 그래서 히브리서 기자는 "너희의 육적인 감각과 근육을 연습시키듯 너희의 영적 감각과 양심을 연습하라 이는 선한 양심은 훈련에 의해 되어지는 것이기 때문이다"라고 말하고 있다.

선한 양심을 가지고 있는가?
그 양심은 효과적으로 일하는가?
무언가 잘못했을 때 당신을 찔러 괴롭게 하며, 선을 행했는데도 사람들이 비방할 때 담대하게 해주는가?

나는 당신의 양심이 빛을 받고 있으며 하나님의 말씀의 지식 속에서 장성하고 있으므로 세상의 관습과 전통이 아니라 하나님의

말씀의 진리로 살아가고 있다고 확신한다. 우리가 하나님의 말씀의 빛 안에서 행할 뿐 아니라 어디를 가든 그 빛을 실천하고 산다면, 그것은 말할 수 없이 기쁜 생활일 것이다.

● **거리낌 없는 양심을 위한 Question**

1. 선한 양심의 세 가지 특징은 무엇인가?

2. 당신은 선한 양심으로 하나님의 말씀의 지식 속에 성장하기를 힘쓰는가?

3. 당신은 선한 양심으로 살기 위해 지속적으로 훈련하는 그리스도인인가?

양심은 빛을 받아들이는 창문이다.

하나님의 말씀에서 더 많은 빛을 받으면 받을수록

양심은 더욱 그 기능이 발휘된다.

양심은 사람이 알고 있는

가장 높은 표준에 의해 작용하게 되는데,

성숙한 그리스도인이 되면 될수록

그 표준은 더 높아지게 된다.

MEET YOUR
CONSCIENCE

그런즉 우리가
다시는 서로 비판하지 말고
도리어 부딪칠 것이나 거칠 것을
형제 앞에 두지 아니하도록 주의하라

(로마서 14:13)

4부
약한 양심

약한 양심을 가진 자는 하나님에 대한 지식이 부족하다.
쉽게 넘어지며, 쉽게 상처받고 감정이 상한다.
우선순위를 분별하지 못하고, 다른 이들을 비판한다.
강한 양심을 가진 사람들은 그들을 사랑으로 받아들이고,
주님 안에서 강하게 성장하도록 도와야 한다.

당신은 이런 훈련된 양심을 가지고 있는가, 아니면 "그것이 무슨 소용인가"라고 묻고 있는가? 그리스도인으로 성장하며, 그리스도인으로 확고하게 서고, 그리스도인답게 사는 유일한 방법은 바로 양심을 훈련시켜서 주님 안에서 성숙한 단계로 나가는 것이다.

선한 양심을 갖는다는 것은 놀라운 축복이다. 그러므로 선한 양심을 가지기 위해 필요한 모든 행동을 취해야 한다. 선한 양심이라도 한 번 넘어지기 시작하면 곧바로 파선하는 지경까지 이를 수 있기 때문이다.

하나님께서 당신이 선한 양심을 가지도록 도와주시길 소망한다.

사도 바울은 그의 편지 중 두 곳에서 약한 양심을 가진 자들에 의해 야기되는 문제에 대해 거의 다섯 장이나 할애하고 있다. 바로 고린도전서 8, 9장과 10장, 로마서 14, 15장이다. 하나님께서는 우리가 강한 양심을 가지게 되길 원하신다. 왜냐하면 약한 양심을 가진 이들은 자신이나 다른 사람에 대해 문제를 일으킬 수 있기 때문이다. 실제로 교회 안에서나 기독교 안에서의 분파와 불화의 원인은 이러한 약한 양심을 가진 사람들에 의해 생긴다고 볼 수 있다. 이제 약한 양심에 관해서 세 가지 중요한 주제로 생각해 보기로 하자.

1. 약한 양심의 특성

우리가 약한 양심을 가지고 있는지 아닌지를 어떻게 알 수 있는가? 약한 양심을 가지고 있는 사람에게는 적어도 여덟 가지의 특징이 있다.

● 구원받은 자이며 교회 안에 있다.

무엇보다 먼저 분명하게 말해 둘 것은 그도 **구원받은 자**라는 것이며, 두 번째로는 **교회 안에 있는 자**라는 것이다.

로마서 14장 1절에서 바울은 말하기를 "믿음이 연약한 자를 너희가 받되 그의 의견을 비판하지 말라"고 했다. 다시 말하면 그런 자도 그리스도인이며 교회 안에 있다는 것이다. 약한 양심을 가지고 있다고 해서 교회 밖에 있을 것이라고 생각해서는 안 된다.

● 지식이 부족하다.

세 번째로 그는 지식이 부족하다.

고린도전서 8장 7절은 이렇게 말씀한다.

"그러나 이 지식은 모든 사람에게 있는 것은 아니므로 어떤 이들은 지금까지 우상에 대한 습관이 있어 우상의 재물로 알고 먹는 고로 그들의 양심이 약하여지고 더러워지느니라"

고린도교회에서 발생한 문제는 그리스도인들이 우상의 제단에 바쳐졌던 고기를 먹어도 되는가 하는 것이었다. 당시 고린도 시에서는 신전에 있는 고기 파는 곳에서 아주 싼 값으로 고기를 구할 수 있었다.

강한 양심을 가진 사람들은 우상은 아무것도 아니며 그 우상에게 바쳤던 고기도 부정한 것이 아니므로 사서 먹어도 상관없다고 했으나, 약한 양심을 가진 사람들은 우상 숭배하던 삶으로부터 구원을 얻었는데 어떻게 부정한 고기를 먹을 수 있겠느냐고 반박했다. 그들은 영적인 것을 이해할 만한 충분한 지식이 없었다. 여전히 어린아이의 신앙 속에 있었으므로 그들은 영적인 삶을 사는 데에 있어서 음식 그 자체는 선하지도 악하지도 않다는 것을 깨닫지 못하고 있었다.

- **쉽게 상처받고 감정이 상한다.**

약한 양심을 가진 자의 네 번째 특성은 쉽게 상처를 받고 감정이 상한다는 것이다.

고린도전서 8장 12절에 보면 "이같이 너희가 형제에게 죄를 지어 그 약한 양심을 상하게 하는 것이 곧 그리스도에게 죄를 짓는 것이니라"는 말씀이 있다.

또 로마서 14장 15절 말씀에는 "만일 음식으로 말미암아 네 형제가 근심하게 되면 이는 네가 사랑으로 행하지 아니함이라 그리스도께서 대신하여 죽으신 형제를 음식으로 망하게 하지 말라"고 기록된 것을 볼 수 있다.

- **불안정하다.**

약한 양심을 가진 사람들은 쉽게 상처를 입고 감정이 상한다. 이들은 강한 양심을 가진 사람들이 자유롭게 행하는 것을 보며 괴로움을 느끼게 된다.

이러한 그들의 마음 상태가 약한 양심을 가진 자들의 다섯 번째 특성이다. 즉 불안정한 상태에 있다. 그래서 약한 양심을 소유한 사람들은 쉽게 넘어지게 된다.

로마서 14장 13절에 보면 "그런즉 우리가 다시는 서로 판단하지 말고 도리어 부딪힐 것이나 거칠 것으로 형제 앞에 두지 아니할 것을 주의하라"는 말씀이 있다.

아직 성숙하지 못한 아이들은 작은 것에도 걸려 넘어지곤 한다. 그러나 성인이 되어 걷는 법과 몸을 가누는 법을 익히고 나면 그런 작은 것들 때문에 넘어지는 일은 없게 된다.

● **다른 사람들에 대해 비판적이다.**

약한 양심을 가진 사람들의 여섯 번째 특징은 다른 사람들에 대해 매우 비판적이라는 것이다.

이에 대해서 로마서 14장 3, 4절은 이렇게 말한다.

"먹는 자는 먹지 않는 자를 업신여기지 말고 먹지 않는 자는 먹는 자를 비판하지 말라 이는 하나님이 그를 받으셨음이라 남의 하인

을 비판하는 너는 누구냐 그가 서 있는 것이나 넘어지는 것이 자기 주인에게 있으매 그가 세움을 받으리니 이는 그를 세우시는 권능이 주께 있음이라"

로마 교회는 어떤 음식을 먹을 것이며 어떤 날이 더 거룩한 날이냐는 것에 대한 문제를 가지고 있었다. 약한 양심을 가진 사람들은 이런 고기나 저런 음식을 먹어서는 안 된다고 하는 반면, 강한 양심을 가진 사람들은 무엇이든 먹어도 좋다고 했다. 또 약한 양심을 가진 자들은 어떤 날은 매우 특별한 날이므로 그날을 기념해야 한다고 하는 반면, 강한 양심을 가진 이들은 주님과 함께 행한다면 모든 날이 다 좋은 날이라고 했다.

결국 약한 양심을 가진 사람들이 강한 양심을 가진 사람들을 비판함으로써 교회가 분열되는 사태를 가져왔다.

● **문자적인 법에 얽매인다.**

약한 양심을 가진 그리스도인들은 쉽게 법규에 얽매인다.
그들은 어떤 규칙이나 규정에 의해 생활해 가는데, 이는 자유를 두려워하기 때문이다. 마치 어린아이가 어머니의 사랑 속에 묻혀 있기를 좋아하듯이 그들도 어린아이같이 보호 속에 있기를 바란다.

어느 날 어머니가 "자, 이제 너는 학교에 갈 나이가 되었으니 학교에 가거라" 하면 아이는 "학교에 가기 싫어요" 라고 하면서 학교에서 도망쳐 오든가, 혹은 학교에 가지 않으려고 숨어버리곤 한다. 이는 아이가 자유를 두려워하기 때문이다. 차도를 건너거나 알지 못하는 사람들 속으로 들어가는 것이 두렵기 때문이다.

그러나 성인은 그런 일을 두려워하지 않으며, 오히려 새로운 경험과 새로운 사람을 만나는 것과 새로운 도전을 즐거워한다.

약한 양심을 가진 이들은 법규에 민감하기 때문에 많은 규칙과 규정을 좇는다. 그 자체가 나쁜 것은 아니다. 성인에게도 어떤 표준은 필요하고, 또 해서는 안 되는 것들이 분명 있다. 그러나 이러한 규정 자체가 우리의 삶을 만들어내는 것은 아니다.

우리는 주님을 사랑하기 때문에, 서로 사랑하기 때문에, 선하고 거룩하고 바른 것을 취하기 위해서 표준을 필요로 한다. 그러나 약한 양심을 가진 이들은 규정에 얽매여 다른 사람들을 자기의 규정이나 표준으로 판단하고, 자기의 생각과 다르게 행동하면 쉽게 상

처를 입는다.

● 무엇이 우선인지 분간하지 못한다.

마지막으로 약한 양심을 가진 이들은 무엇이 우선인지 분간하지 못해 혼란스러워 한다.
이들은 내적인 것이나 영원한 것보다도 외적인 것에 신경을 쓴다. 그래서 로마서 14장 17절은 이렇게 말씀하고 있다.

"하나님의 나라는 먹는 것과 마시는 것이 아니요 오직 성령 안에
있는 의와 평강과 희락이라"

약한 양심을 가진 성도들은 어떤 것은 먹어도 되고 어떤 것은 먹어서는 안 되며, 어디는 가도 좋고 어디는 가서 안 된다는 식의 여러 가지 지켜야 할 규정이 있다. 그러나 사도 바울은 이런 외적인 것은 중요한 것이 아니라고 말한다.
그런 것들은 우리 마음에 하나님께서 명하신 것들의 부산물이므로 무엇이 중요한 것인지를 분간할 줄 알아야 한다.

어떤 이들은 고정된 규칙과 규정을 가지고 생활하는 사람들이 강한 양심을 가진 사람이고, 얽매이지 않고 행동하는 사람들이 약한 양심을 가진 사람이 아닌가라고 생각할지 모른다. 그러나 이는 다른 측면에서 볼 때 그렇다.

강한 양심을 가진 사람들은 다른 사람들이 자기와 다른 차이를 가지고 있어도 관대하게 받아들이고, 다른 이들이 하는 말이나 행동에 쉽게 넘어지거나 상처를 입지 않는다.

반면 약한 양심을 가진 사람들은 자기가 구독하는 잡지에서 맘에 들지 않는 것을 보면 구독을 취소하며, 교회에서나 라디오 설교 프로그램에서 맘에 들지 않는 음악이 연주되면 교회를 떠나거나 라디오 전도 후원을 그만 두기도 한다.

또 목사가 자기가 사용하는 성경과 다른 번역판 성경을 사용해도 그 교회를 후원하는 일을 중지한다. 이런 사람들은 영적인 자들이 못되며 앞으로 많은 것을 배워 나가야 할 사람들이다.

2. 약한 양심의 원인

교회 안에서 비판적이고, 불안정하고, 규정에 얽매이고, 쉽게 상처받는 약한 양심을 가진 사람들이 있는 이유는 무엇인가?

근본적으로 나는 그 원인이 미성숙 때문이라고 생각한다. 약한 양심을 가진 사람들은 자유로운 것을 두려워하는데, 아마도 그들이 자유롭지 못한 환경에서 자라났기 때문이리라 생각한다.

어떤 사람들은 규정이 엄한 집에서 성장했기 때문에 주님에 대한 확신 없이 교회에 다니기도 한다. 또 어떤 이들은 계속적인 권면을 필요로 한다. 이들은 확신을 얻기 위해서 지탱해줄 무엇이 필요하다. 다시 말해서 아직 미숙한 어린아이 상태이다.

그러나 미숙하다는 말은 유치하다는 말과는 다르다. 조그마한 갓난아기가 어머니를 알아보고 매달리는 것은 기특한 일이지만, 40살 먹은 성인이 규칙과 규정에 얽매이는 것은 오히려 무서운 일이다. 이는 근본적으로 영적 지식의 부족에서 오는 것이다.

고린도전서 8장에서 바울은 지식과 사랑과 양심은 병행한다는 것을 분명히 말하고 있다. 지식이 자라면서 사랑이 실천되고 주 안에서 자라날수록 양심 또한 강해진다.

히브리서 5장 12-14절은 이에 대해 잘 말해주고 있다.

"때가 오래 되었으므로 너희가 마땅히 선생이 되었을 터인데 너희가 다시 하나님의 말씀의 초보에 대하여 누구에게서 가르침을 받아야 할 처지이니 단단한 음식은 못 먹고 젖이나 먹어야 할 자가 되었도다 이는 젖을 먹는 자마다 어린 아이니 의의 말씀을 경험하지 못한 자요 단단한 음식은 장성한 자의 것이니 그들은 지각을 사용함으로 연단을 받아 선악을 분별하는 자들이니라"

다시 말해서 하나님의 자녀가 양식인 하나님의 말씀을 먹고 그 말씀에 순종하게 될 때(훈련을 받게 될 때), 장성하게 된다는 것이다. 양심 또한 이같이 연단을 받는 대로 성장하게 된다.

만약 양심의 성장을 원치 않는다면, 다른 사람들이 제시하는 대로 자기 나름대로의 규칙이나 규정을 만들고, 성경의 말씀보다 어떤 외부적인 표준을 가지고 모든 일을 결정해보라.

나는 네 아이를 키운 경험이 있는데, 그 아이들이 어렸을 때는 나의 행동에 나름대로의 규정을 만들어 생활했다.

예를 들어 이런 말을 자주 했다.

"고속도로 근처에는 가지 말아야 한다. 아이들이 계단에서 떨어질 염려가 있으니 부엌 뒷문을 항상 잘 닫아야 한다. 탁자 위에 칼을 놓아 두는 일이 없도록 조심하자. 아이들이 그걸 가지고 장난치다가 다칠지도 모르니까."

그러나 아이들이 커가면서 점차 자연스럽게 지키게 되었다. 어떤 규칙이나 규정이 아니라 사랑과 원칙으로 말이다.

우리는 어떤 원리를 가지고 생활한다. 그리고 아이들이 성장하면서 스스로 분별력을 갖기를 원한다. 우리가 언제나 모든 일을 이래라 저래라 결정해 줄 수는 없기 때문이다. 만일 하나님께서 어떤 규정서와 같은 책을 주셔서 텔레비전 프로그램은 이런 것만 보고, 신문은 이런 것을 보고, 여기서는 이런 일을, 저기서는 저런 일을 하라고 정해 두셨다면 얼마나 괴로운 일이겠는가?

그렇다면 우리는 성장하지도 못하고 능력을 계발시키지도 못할 것이다.

약한 양심의 원인은 첫째, 지식의 부족(빛을 창으로 받아들이지 못하는 것을 말한다)과 둘째, 훈련 부족, 셋째, 자유에 대한 두려움 때문이라고 이미 말했다. 그런데 어떤 교회 사역자들은 오히려 사람들을 이런 약한 양심의 상태에 머물러 있도록 하는 경우가 있다. 이는 그들이 사람들을 자기 마음대로 다루기 위해서인 경우다. 그러나 복음 사역자는 사람들을 주 안에서 성장하게 만드는 것이 과제이다. 이것이 양심의 세 번째 주제이다.

3. 약한 양심의 치료

약한 양심의 치료법은 무엇인가?

먼저 치료한다는 것은 약한 양심을 가진 성도들의 머리를 쥐어박거나 꾸짖는 그런 행동이 아니라는 점을 말해 둔다.

만약 어린아이가 와서 "아빠, 내 방 침대 밑에 곰이 있는 것 같아서 무서워 못 자겠어요"라고 할 때, 그 아이 침대 밑에 곰이 없다는 것을 알지만 아이를 꾸짖는다고 해서 문제가 해결되지 않는다는 것 역시 알고 있을 것이다. 이럴 때 어떻게 해야 하는가? 그 아이의 방에 가서 불을 켜주고 품에 안고서 엄마와 아빠가 있다는 것을 확인시켜 줘야 한다. 그러면 잠시 후에 "침대 밑에 곰이 없는 것 같아요"라고 얼굴에 웃음을 지으며 아이는 대답할 것이다. 마찬가지로 교회의 약한 양심을 가진 "작은 아이들"은 사랑과 진실과 훈련이 필요하다.

에베소서 4장 15절 말씀은 우리에게 치료의 비법을 말해 주고 있다.

"오직 사랑 안에서 참된 것을 하여…."

진실이 없는 사랑은 위선이다. 그러나 사랑이 없는 진실은 야만적인 행동이다. 이런 극단을 원하는 사람은 없을 것이다. 우리가 사랑이 없는 지식을 가지고 있다면, 그것은 압제의 도구로 사용될 수 있다. 다른 이가 모르는 어떤 것을 내가 알고 있다면, 그것으로 나는 다른 이를 위협할 수 있는 것이다. 반면에 지식이 없는 사랑은 무질서한 것으로 다른 이가 원하는 것이라면 무엇이든지 하게 하는 방종을 만든다. 그러므로 지식과 사랑은 서로 평형을 유지해야 한다.

고린도전서 8장에서 사도 바울은 다른 사람의 양심을 상하게 하는 일이 없도록 신중히 행동하라고 분명하게 말한다. 양심은 그 사람이 알고 있는 가장 높은 표준에 의해 작동한다고 이미 언급했다. 그러므로 더 알고 있지 못한 것을 비난해서는 안 된다. 오히려 그 사람이 더 알도록 도와줘야 한다. 그 사람에게 하나님의 말씀을 가르쳐주어야 한다.

로마서 14장과 15장은 약한 양심을 가진 이들을 도와주기 위한 세 가지 교훈을 가르쳐주고 있다.

첫째, 받아들여라.

"믿음이 연약한 자를 너희가 받되"(롬 14:1)

그들과 논쟁하지 말고 받아들이라는 것이다. 어떤 음악은 좋으니 나쁘니, 어떤 번역 성경을 쓰느니 마느니, 세속적이니 어떠니 하는 논쟁을 하지 말고, 그들을 그냥 인정해 줘야 한다. 사랑으로 받아들이고 비판하거나 정죄치 말라는 것이다.

서로에게 관대할 줄 아는 것을 배워야 한다. 성숙한 신앙인은 다

른 사람이 자기와 다르다는 것을 이해한다. 다르다는 것은 자기보다 더 나쁘다거나 더 좋다는 것이 아니고 다만 차이가 있다는 것뿐이다. 그러므로 상대방을 인정해야 한다.

둘째, 그리스도께 이끌라.

로마서 14장 13-23절에서 사도 바울은 그들을 그리스도께로 이끌라고 가르친다. 그들을 지도하고, 믿음을 세워주며, 성장케 하라는 것이다.

셋째, 기쁘게 해주라.

"믿음이 강한 우리는 마땅히 믿음이 약한 자의 약점을 담당하고 자기를 기쁘게 하지 아니할 것이라." (롬 15:1)

어린아이들은 응석을 받아주어야 한다. 기쁘게 해주어야 한다 (제 멋대로 내버려 두어 망치라는 뜻은 아니다). 부모는 아이들을 위해 응해 주어야 한다. 왜냐하면 아이들은 이해력이 부족하고 변천하는 과정의 시간과 성장의 기회가 필요하기 때문이다.

왜 약한 양심을 가진 이들을 인정해 주어야 하는가?

그들을 그리스도 앞으로 이끌기 위해서이다.

왜 그들을 기쁘게 해줘야 하는가?

그들을 그리스도께로 이끌기 위해서이다.

왜 그들과 사랑 안에서 진실을 나누어야 하는가?

그들의 약한 양심을 강한 양심으로 성장시켜 주기 위해서이다.

오늘날 교회의 문제는 연약한 양심을 가진 이들을 받아들이기는 하되 그들을 방치해두고 있다는 것이다. 이런 태도는 성경적이지 않다. 그들이 성장할 수 있도록 도와야 한다. 로마서 14장은 이 문제에 대해서 명확한 해답을 주고 있다. 우리가 해야 할 일은 그들을 사랑하고 기쁘게 하고 그들을 받아들이는 것인데, 이는 그들과 논쟁하고 비판하기 위한 것이 아니라 성장하도록 도와서 그들 역시 다른 성도들의 성장을 돕게 하기 위함이다.

오늘날 교회에서 발생하는 많은 문제의 원인은 약한 양심을 가진 사람들 때문이다. 그들은 매우 비판적이고 쉽게 상처를 받고 불안정하고 지식이 부족하다. 이런 사람들이 교회에서 지도적인 역할을

맡게 되는 것은 매우 불행한 일이다. 왜냐하면 그들은 다른 사람들까지도 어린아이의 상태로 남아 있게 만들기 때문이다.

가정에서도 큰 아이는 작은 아이가 자라도록 돕듯이 교회 내에서도 약한 양심을 가진 이들이 있으면 그들이 성장하도록 돕는 것이 우리의 과제이다. 그러나 한편으로 교회 안에 이렇게 약한 양심의 사람들과 강한 양심의 사람들이 섞여 있는 것은 놀라울 정도로 좋은 일이다.

왜냐하면 약한 양심을 가진 사람들로 인해 강한 양심을 가진 사람들이 교만하지 않고 자긍하지 않게 되고, 오히려 온순하고 사랑하며 인내하게 되기 때문이다. 그리고 강한 양심을 가진 이들은 약한 양심을 가진 이들의 신앙이 자라도록 돕게 되기 때문이다.

주님께서 우리 모두가 약한 양심을 버리고 주님 안에서 자라 강한 양심을 갖고, 또 다른 이들을 주 안에서 강하게 할 수 있도록 붙들어 주시기를 기도한다.

● 거리낌 없는 양심을 위한 Question

1. 당신은 교회 안에 약한 양심을 가진 자들을 어떻게 대하는가?

   ----

2. 당신은 내적인 것과 외적인 것 중 어떤 것에 더 신경을 쓰며 살아가는가?

   ----

3. 당신의 어떤 면이 약한 양심에 속하는가?

믿음이 강한 우리는
마땅히 믿음이 약한 자의
약점을 담당하고 자기를 기쁘게 하지 아니할 것이라
(로마서 15:1)

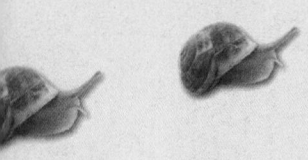

5부
강한 양심

강한 양심을 가진 자는 교회 안에서 막중한 책임을
가지고 있다.
그들은 영적 지식을 가지고 있으며, 말씀의 진리를 이해하고
그리스도 안에서 자유를 누린다.
그러므로 그리스도의 본을 따라 자신을 낮추고
사랑과 지식과 포용으로 교회의 화평을 책임져야 한다.

이제는 강한 양심에 대해 생각해 보자.

로마서 14장과 15장은 교회 안에 있는 약한 양심의 사람들과 강한 양심의 사람들 사이에서 일어난 분쟁을 다루고 있다. 바울은 "믿음이 연약한 자를 너희가 받되 그의 의견을 비판하지 말라"(롬 14:1)고 말한다. 이것은 "의심하는 바에 대해서 논쟁하지 말라"는 뜻이다.

수 세기 동안 선하고 경건한 사람들 사이에서조차 그리스도인의 생활에 대해 의견이 일치되지 못한 불명확한 일들이 있다. 세부적인 문제의 발단은 시대마다 다르게 나타나지만, 그 근본 문제는 동일하다. 곧 '그리스도인은 어떤 것을 해도 좋은가?', '어느 정도까지 용납할 수 있는가?' 하는 것들이다.

로마교회에서 당시 문제의 초점이 된 것은 음식과 절기에 대한 것이었다. 약한 양심을 가진 사람들은 채소만 먹고 어떤 날을 매우 특별하게 생각하는 반면에 강한 양심의 사람들은 무엇이든지 먹을 수 있으며 주님과 함께 하는 모든 날이 다 특별한 것이라고 생각했다. 결국 불행하게도 약한 양심을 가진 사람들은 강한 양심을 가진 사람들을 정죄하고 강한 양심을 가진 사람들은 약한 양심을 가진 사람들을 무시하게 되었다.

로마서 15장 1절에서 바울은 "우리 강한 자가 마땅히 연약한 자의 약점을 담당하고 자기를 기쁘게 아니할 것이라"라고 했다. 여기서 '강한 자'라고 한 것은 강한 양심을 말한다. 이는 육체적으로 강한 것이 아니라 강한 양심을 가지게 될 때 소유하게 되는 영적인 강함을 말한다.

그러므로 강한 양심을 가진 사람은 약한 양심을 가진 사람과 대립하게 된다. 또 사람들은 자기가 강한 양심을 가졌는지를 알 수가 있다. 바울은 로마서 15장 1절에서 '그들'이란 말과 비교하여 '우리'란 말을 사용했다.

"우리 강한 자가…."

이것은 다시 말해 바울이 강한 양심을 갖고 있다는 말이다. 누군가는 스스로 강한 양심을 갖고 있다고 하는 것은 교만한 것이 아니냐고 할지 모르나, 이런 것은 교만한 것과는 관계가 없다.

우리가 강한 양심을 갖고 있다면 그만큼 중요한 책임이 있다는 것뿐이다.

1. 강한 양심의 특성

강한 양심을 가진 사람들의 특성에 대해서 알아보자.

● 영적 지식이 있다.

먼저 강한 양심의 사람에게는 영적 지식이 있다.

강한 양심을 가진 사람들은 하나님의 말씀과 그 말씀이 그리스도인의 생활 속에서 발생하는 여러 문제에 관해 교훈하는 것을 아는 사람들이다.

예를 들면 로마교회에서는 여러 가지 음식에 대한 논란이 생겼으나 강한 양심의 사람들은 예수님께서 "모든 음식은 깨끗하다"고 선언하셨음을 알았다. 바울도 하나님께서는 모든 것을 깨끗하게 만드셨음을 알았고, 베드로도 이같은 사실을 지붕에서 기도하며 음식이 준비되는 것을 기다리다 알게 되었다. 하나님께서 모든 음식이 깨끗함을 가르쳐 주신 것이다.

이처럼 강한 양심을 가진 사람들은 영적 지식을 가지고 있다. 그러므로 미신이나 관습, 구약의 율법에 따라 살지 않고 신약의 진리에 의해 산다. 이들은 말씀의 진리를 이해하고 있는 것이다.

● 분별력이 있다.

두 번째로, 강한 양심을 가진 이들은 분별력이 있다.

그들은 양심과 영적 기능과 감각을 훈련시켜 왔기 때문에 무엇이 옳고 그른지를 판단하고 바른 결정을 할 수 있다. 또한 하나님의 말씀에 순종하는 것에 두려움을 느끼지 않는다.

예수님께서는 요한복음 7장 17절에서 "사람이 하나님의 뜻을 행하려 하면 이 교훈이 하나님께로부터 왔는지 내가 스스로 말함인지 알리라"라고 하셨다. 순종은 영적 지식의 결과로 나타난다. 강한 양심을 가진 자는 영적인 기능을 훈련시켰기 때문에 분별력을 가지는 것이다. 그는 믿음으로 한 걸음씩 나가면서 하나님의 말씀을 믿고 순종한다.

● 그리스도 안에서 자유를 누린다.

강한 양심을 가진 자의 세 번째 특성은 그리스도 안에서 자유를 누린다는 것이다.

이들은 예수 그리스도 안에서 자유함을 알고 있다. 만물이 다 주의 것이며 또한 우리에게 그 모든 것을 후히 주셨음도 안다(딤전 6:17). 그러므로 강한 양심의 사람은 신앙의 진리를 소유하고 그 자유를 누린다.

만약 사도 바울이 살던 당시의 로마교회를 방문하게 된다면, 자유에 속한 사람들과 속박에 속한 사람들의 대조적인 모습을 보게 될 것이다. 약한 양심의 사람은 속박 속에서 구약의 규칙과 규정에 매여 살기 때문에 결과적으로 그리스도 안에서의 자유를 누리지 못한다. 반면에 성숙한 강한 양심의 사람은 성경의 진리를 소유하고 실천함으로써 주 안에서 자유를 누린다.

● **다른 사람들과의 차이를 관대하게 인정한다.**

강한 양심의 사람은 영적인 지식과 분별력을 가지고 주 안에서 자유를 누리고 있을 뿐 아니라 **다른 사람들이 자기와 다른 존재라는 것에 대해서도 관대하게 인정한다.** 이것은 매우 중요한 일이다. 그래서 이들은 다른 사람들에 의해서 쉽게 상처를 받지 않는다.

약한 양심의 사람은 쉽게 상처를 입는다고 했다. 그들은 어떤 사람이 자기가 싫어하는 일을 하면 크게 실망하고 그것 때문에 상처를 입는다. 이것이 바로 그가 약한 양심을 가졌다는 신호가 된다.

그러나 강한 양심을 가지게 되면, 어떤 경건한 사람의 언행이 일치하지 않는다 해도 상처를 입지 않는다.

수 년 전 친구 하나가 스칸디나비아에서 목회를 하고 있었다. 그런데 그 친구와 통역자가 함께 길을 걷고 있을 때, 친구인 목사가 휘파람을 불었다고 한다. 그러자 그 통역관이 "오늘 밤에는 누가 설교하나요?"라고 물었다. "물론 내가 하지요"라고 친구가 답하자, 그는 "안 됩니다. 목사님은 오늘 밤에 설교할 수 없습니다. 방금 휘파람을 불어서 하나님께 죄를 지었으니까요"라고 하더라는 것이다. 어떤 나라에서는 그리스도인이 휘파람을 부는 것을 금하고 있어 그리스도인들은 공공장소에서 휘파람을 불 수가 없다.

또 얼마 전 기독교 회의에 참석했던 친구는 담배를 피우는 것에 대해 규제하지 않는 나라에서 온 목사와 대화를 하게 되었다. 그런데 그 목사가 해변가에 젊은이들이 몰려 앉아 있는 것을 보고 "저런 짓은 못하도록 금해야 되지 않소?"라고 불만을 표시했다. 그래서 내 친구 목사는 그 사람의 가방 속에서 담배를 포장한 꾸러미를 꺼내 보이면서 "목사님은 이 담배 피우는 것을 조심하도록 하세요. 우리는 저런 일을 조심하도록 하지요"라고 말했다고 한다.

이것은 무엇을 말하는가?
내 친구가 한 말은 "지리적인 차이 때문에 기독교 내에도 서로 다른 것들이 있어요. 어떤 곳에서는 금해진 것이 다른 곳에서는 허용되기도 하지요"라는 의미이다.

'그렇다면 모순을 인정하는 것인가'라고 질문할 수도 있다. 그렇지는 않다. 다만 강한 양심을 가진 사람은 선하고 경건한 사람들의 습관에도 차이가 있음을 인식한다는 것이다. 이것은 교리에 관해 말하는 것이 아니다.

신앙의 근본적인 교리는 아시아든 아프리카든 오스트레일리아든 유럽이든 차이가 있을 수 없다. 그러나 생활 습관은 문화에 따라 다를 수 있다. 우리는 지금 이 지역적인 문제에 대해 말하는 것이다.

강한 양심을 가진 사람들은 이러한 차이에 대해 관대하다. 또한 이런 차이가 어떤 사람이 다른 사람보다 더 낫다든가 못하다는 것을 의미하지는 않음을 인식하고 있다. 문화가 다른 곳이나 장소가 바뀔 때 이러한 차이를 보게 되지만, 강한 양심을 가진 사람들은 그런 문제로 상처를 입거나 마음이 상하지 않는다. 또한 그 상처로 인해 정체되거나 비판적이 되지 않는다. 오히려 자유를 누리고 다른 사람에게도 기꺼이 그 자유를 준다.

2. 강한 그리스도인의 책임

믿음이 강한 그리스도인들에게는 책임이 따른다. 로마서 14장과 15장은 바로 강한 양심의 사람들을 위해 기록된 것이며, 만일 강한 양심을 소유했다면 거기에 따르는 책임이 무엇인지를 설명해 주고 있다.

● 연약한 자를 받으라.

강한 양심을 가진 우리의 첫번째 책임은 약한 자를 받아들이는 것이다.

"믿음이 연약한 자를 너희가 받되 그의 의견을 비판하지 말라"(롬 14:1)

연약한 자들의 신앙이 아직 성숙하지 못하다고 해서 성도의 교제에서 제외시켜서는 안 된다. 교회는 바로 이런 어린아이들을 성장시키고 돌보는 하나님의 육아실이기 때문이다. 우리는 이런 약한 자를 받아들여야 할 의무가 있다.

● 논쟁하지 말라.

두 번째로 그들과 논쟁해서는 안 될 책임이 있다.

나는 독자들에게 자신과 일치하지 않는 문제에 대해 논쟁하지 말 것을 강력하게 충고한다. 기독교의 기본적 원리나 성경의 교훈에 관해서 서로 토론할 수는 있으나 취향이나 습관에 대한 문제에 대해 쉽게 동의하게 할 방법은 없다는 것을 알아야 한다.

● 약한 자를 무시해서는 안 된다.

세 번째로 강한 양심을 가진 자는 약한 자를 무시해서는 안 된다. 로마서 14장 3절은 이렇게 말씀한다.

> 먹는 자는 먹지 않는 자를 업신여기지 말고 먹지 않는 자는 먹는 자를 비판하지 말라.

다시 말하면 강한 자는 약한 자를 무시하지 말며 약한 자는 강한 자가 자유를 누린다고 해서 정죄하지 말아야 한다.

● 약한 자를 넘어지게 말라.

네 번째로 강한 자는 약한 자를 넘어지게 해서는 안 된다.
이것은 매우 중요한 문제이다. 로마서 14장 13절은 "그런즉 우리가 다시는 서로 비판하지 말고 도리어 부딪힐 것이나 거칠 것을 형제 앞에 두지 아니하도록 주의하라"고 말씀한다.
이 말씀은 고린도전서 8-10장의 말씀과 연결된다. 고린도교회의 문제는 만일 그 지역의 신전에서 축제가 열릴 때 그리스도인이 가도 되는가 하는 것이었다. 물론 그 신전은 우상의 신전이다. 즉 우상에게 헌당되었다는 것을 의미한다.

바울은 가고 안 가는 것 자체가 죄가 될 수는 없으나 약한 자를 상하게 할 수 있다고 했다. 만일 약한 형제가 그 신전에서 당신이 먹고 있는 것을 보게 되면, 그 양심에 담력을 얻어 시험에 들 수 있다는 것이다. 그로 인해 그가 넘어질 수 있다는 것이다. 우리는 우리를 상하게 하지 못하는 많은 것을 행할 수 있으나 때로는 그것이 다른 사람을 상하게 할 수 있다.

우리는 약한 자들에게 걸림돌이 되어서는 안 된다. 자유로 인해서 약한 형제를 상하게 해서는 안 된다. 로마서 14장 15절은 "만일 음식으로 말미암아 네 형제가 근심하게 되면 이는 네가 사랑으로 행치 아니함이라"라고 말씀한다. 우리의 즐거움을 위해서가 아니라 약한 형제를 위해서 행동해야 하는 것이다.

"우리 각 사람이 이웃을 기쁘게 하되 선을 이루고 덕을 세우도록 할지니라"(롬 15:2)

그러면 "왜 우리가 다른 형제를 기쁘게 하기 위해 나의 자유를 속박해야 하느냐"고 반문할지 모른다. 바로 그렇게 하는 것이 그리스도인의 사랑이기 때문이다.

어떻게 자유를 다른 형제가 넘어지도록 하는 데 사용하겠는가?

이 문제를 다룰 때 우리는 아주 조심해야 한다. 사랑 가운데서 모든 일을 행해야 하는 것이다.

● 화평케 하라.

강한 그리스도인에게는 또 다른 책임이 있는데 그것은 화평케 하는 것이다.

"그러므로 우리가 화평의 일과 서로 덕을 세우는 일을 힘쓰나니"
(롬 14:19)

어떤 그리스도인은 평생을 분쟁만 하는 경우가 있는데, 이들은 늘 다른 사람들이 자기보다 못하다고 여기고 멸시하는 이들이다. 그러나 바울은 이렇게 말한다.

"그렇게 하지 말고 화평을 이루는 일을 하라 고기를 먹느냐 안 먹느냐 하는 문제로 분쟁하지 말고 네 형제와 함께 맞추어가는 것이 중요한 것이다. 세상의 안 믿는 자들이 보고 있으니 서로 분쟁치 말라."

화평케 하는 것뿐이 아니라 우리는 약한 형제를 굳세게 해주어야 한다. 다른 형제를 지도하기 위한 일을 해야 한다. 약한 형제를 받아들이고 그를 기쁘게 하는 것은 그들의 성숙을 돕기 위해서이다.

우리는 신앙을 다른 사람에게 강요할 수는 없다.

"네게 있는 믿음을 하나님 앞에서 스스로 가지고 있으라"(롬 14:22)

진리를 다른 사람의 입 안에 억지로 밀어 넣어서 그것을 소화시키게 할 수는 없다. 다만 오직 사랑 안에서 진리를 말해야 한다(엡 4:15).

이런 약한 자들을 성숙하게 하기 위해서 인내와 사랑과 친절을 나타내야 한다.

강한 양심을 가진 이들이 그들의 자유를 오용하지 않는 것이 중요하다. 로마서 15장에서 바울은 예수 그리스도를 강한 양심을 소유한 사람의 모범으로 내세우고 있다.

"그리스도께서도 자기를 기쁘게 하지 아니하셨나니"(롬 15:3)

예수님께서 다른 사람을 돕기 위해서 자유를 포기하셨음을 생각해 보라. 그분은 완전한 하나님의 아들이심에도 불구하고 자신을 낮추시고 우리를 위해 봉사하시려고 스스로를 조심스럽게 제한하셨다. 그 결과로 하나님께 영광을 돌리신 것이다.

"그러므로 그리스도께서 우리를 받아 하나님께 영광을 돌리심과 같이 너희도 서로 받으라"(15:7)

이 말씀이 결론을 내려준다.

약한 그리스도인들은 오락이나 음식, 번역, 성경 문제, 여러 다른 종류의 음악, 가르치는 방법 등의 문제로 강한 자들과의 교제를 깨뜨려서는 안 된다.

약한 그리스도인들은 쉽게 두려움을 느끼고 방어적인 자세로 바뀌면서 "나는 이런 사람들과 더 이상 교제할 수 없다. 이들은 잘못된 행동을 한다"고 말한다. 그러나 그러한 자세를 가지고 있는 한 그들은 성장하지 못한다. 마찬가지로 강한 그리스도인들이 우월감을 갖고 있다면 교회에는 문제가 일어나게 된다.

고린도전서 8장 9절에서 바울은 이렇게 경고하고 있다.

"그런즉 너희의 자유가 믿음이약한 자들에게 걸려 넘어지게 하는 것이 되지 않도록 조심하라."

우리는 자유를 누릴 권리가 있으나 또한 포기할 권리도 있다. 그것 역시 주 안에서 누리는 자유의 한 부분이다. 우리는 하나님께서 창조하신 모든 것을 누릴 권리가 있으나 그 자유가 다른 사람의 축복을 망치고 상처를 준다면, 그것은 더 이상 자유가 될 수 없다. 그것은 오히려 속박이 된다. 그러므로 주 안에서 강한 이들은 아직 성숙하지 못한 사람들을 무시하지 않도록 조심해야 한다.

또한 주 안에서 아직 성숙하지 못한 이들은 자라기 시작해야 한다. 그러기 위해서 사랑과 지식과 포용하는 분위기가 교회 안에서 만들어져서 약한 그리스도인들이 하나님의 말씀을 받아 자라날 수 있어야 한다.

요약해 말한다면, 우리는 서로에게 속했고, 서로에게 영향을 주며, 서로가 필요하다. 강한 그리스도인은 약한 그리스도인이 필요하며, 약한 그리스도인은 강한 그리스도인이 필요하고, 또한 우리 모두 주님이 필요하다.

만일 자신을 만족시키기 위해서, 또 지식과 자유를 내세우기 위해서 산다면, 우리는 교회 안의 분열과 당파, 파괴의 원인이 될 것이다.

그러나 주님을 기쁘시게 하고 다른 사람을 기쁘게 하기 위해 산다면, 다른 사람에게 우선권을 주어야 하며, 그들이 자라도록 도움을 줘야 한다. 그러면 우리 역시 성장하게 되고 교회 안에 아름다운 사랑의 분위기가 만들어질 것이다.

영적인 이들은 자신이 성장하면서 다른 이들도 성장하게 한다. 또한 그렇게 함으로써 하나님의 일이 확산되게 하며 예수 그리스도께 영광이 되게 한다.

● 거리낌 없는 양심을 위한 Question

1. 당신의 영적 지식의 수준은 어느 정도라고 생각하는가?

   ----

2. 당신은 진리 안에서 자유를 누리며 살고 있는가?

   ----

3. 당신은 교회 안에서 어느 부분에 책임감을 느끼는가?

하물며 영원하신 성령으로 말미암아
흠 없는 자기를 하나님께 드린
그리스도의 피가
어찌 너희 양심을
죽은 행실에서 깨끗하게 하고
살아 계신 하나님을 섬기게 하지 못하겠느냐
(히브리서 9:14)

6부
악한 양심

악한 양심을 가진 자는 선을 행할 때 오히려 가책을 받는다.
그들의 내부의 빛은 이미 어두움으로 변해 있다.
죄에 익숙해져 악을 행해도 양심이 조금도 괴롭지 않다.
그러나 주님께 나간다면 악한 양심은 치유될 수 있다.
진실한 회개가 그 답이다.

때로 나쁜 짓을 하고도 그에 대해 전혀 가책을 받지 않는 사람들을 보고 이상하게 생각한 적이 없는가? 어떤 사람들은 거짓말을 하고도 편하게 잠을 이룬다. 또 도둑질이나 다른 악한 일을 하고서도 그것 때문에 괴로움을 당하는 것처럼 보이지 않는다. 그런데 그리스도인들은 작은 죄에도 그것을 주님께 아뢰고 바르게 하기까지 괴로워한다.

어떻게 다른 사람들은 악을 행하고도 가책을 받지 않는가? 답은 그들이 악한 양심을 가지고 있기 때문이다.

"우리가 마음에 뿌림을 받아 악한 양심으로부터 벗어나고 몸은 맑은 물로 씻음을 받았으니 참 마음과 온전한 믿음으로 하나님께 나아가자"(히 10:22)

히브리서 기자는 이 말씀에서 신약의 진리를 설명하기 위해 구약의 상징들을 사용했다. 제사장이 성막에서 사역을 할 때, 그는 손과 발을 물두멍에서 씻어 성막을 더럽히지 않도록 했다. 우리 역시 주님과 교제할 때 깨끗이 씻음 받았음을 확신해야 한다.

"하나님이여 내 속에 정한 마음을 창조하시고 내 안에 정직한 영을 새롭게 하소서"(시 51:10).

"주께서는 중심이 진실함을 원하시오니 내게 지혜를 은밀히 가르치시리이다"(시 51:6)

1. 악한 양심이란 어떤 것인가?

몇 가지의 질문에 답하면서 악한 양심에 대한 개념을 이해해보자.

첫 번째 질문으로, 악한 양심이란 무엇인가?
이에 대한 가장 간단한 답은 '악한 양심은 선한 양심에 반대된다'는 것이다. 선한 양심은 효과적으로 기능을 발휘해서 우리가 악을 행하면 정죄하고, 선을 행하면 담대함을 준다. 그러나 악한 양심은 오히려 악을 행했을 때 담대함을 주고 선을 행하면 가책을 느끼게 한다.
이사야 5장 20절은 이런 악한 양심의 사람들에 대해 묘사하고 있다.

> "악을 선하다 하며 선을 악하다 하며 흑암으로 광명을 삼으며 광명으로 흑암을 삼으며 쓴 것으로 단 것을 삼으며 단 것으로 쓴 것을 삼는 자들은 화 있을진저"

마땅히 부끄러워해야 할 일들을 그들은 자랑하고 있다. 바울은 빌립보서 3장 19절에서 이런 자들에 대해 쓰고 있다.

> "그들의 마침은 멸망이요 그들의 신은 배요 그 영광은 그들의 부끄러움에 있고 땅의 일을 생각하는 자라"

그들은 마땅히 부끄러워해야 할 일을 영광으로 삼는다. 그래서 그들은 선을 행하면 오히려 가책을 받는다. 왜 그들이 선을 행하길 싫어하는가? 악을 행하길 원하기 때문이다. 그들은 어떤 일을 해서 다른 사람을 상하게 해도 양심의 가책을 받지 않는다. 왜냐하면 그들 내부의 빛이 어두움으로 이미 변해 있기 때문이다.

여기서 마태복음 6장에서 예수님께서 양심을 빛이 들어오는 창문에 비교하신 것을 상기해 보자.

"눈은 몸의 등불이니 그러므로 네 눈이 성하면 온몸이 밝을 것이요 눈이 나쁘면 온몸이 어두울 것이니" (마 6:22, 23)

이 다음의 말씀이 중요하다.

"그러므로 네게 있는 빛이 어두우면 그 어둠이 얼마나 더 하겠느냐" (마 6:23)

양심은 빛을 들어오게 하는 창문이다. 우리가 주님께 죄를 지으면 지을수록 그 창문은 더러워지게 된다. 결국은 빛이 들어오지 못하게 되고 빛이 비추어도 어두움으로 변하게 된다. 그래서 진리로 인도해야 할 것이 잘못된 길로 인도하게 되는 것이다.

예수님께서는 우리가 계속 죄를 지으면 빛이 사라진다는 것만 말씀하시는 것이 아니다. 우리에게 매우 나쁜 상태가 온다고 말씀하신다. 빛이 어두움으로 변한다는 것은 우리에게 축복이 되어야 하는 것이 저주가 되며, 우리를 도와주어야 하는 것이 오히려 우리를 상하게 함을 말한다.

그러므로 악한 양심은 선을 악이라, 악을 선이라 하며, 빛을 어둠이라, 어둠을 빛이라 한다.

우리가 악을 행해도 정죄하지 않는다. 그래서 우리는 죄에 익숙해지고 양심은 조금도 우리를 괴롭히지 않게 된다.

2. 악한 양심의 원인은 무엇인가?

그렇다면 악한 양심의 원인은 무엇인가?

이에 대해 간단하게 대답한다면, 죄를 심각하게 생각지 못하기 때문이다. 죄를 소홀히 생각하는 것은 매우 위험한 일이다. 6개월 전에는 가책을 느꼈을 일을 오늘에 와서는 죄의식 없이 행할 수 있다면, 그것은 이미 악한 양심으로 변해가고 있다는 적신호이다. 죄에 대해서 가볍게 여기기 시작할 때부터 우리는 잘못된 길로 접어들고 있다. 즉 빛에서 어둠으로 가고 있는 것이다.

요즈음 많은 사람들이 죄를 소홀히 취급하는 한 가지 이유는 하나님을 소홀히 여기기 때문이라 생각한다. 하나님께 경외심을 갖지 않는다면, 우리는 거룩한 일이나 하나님의 죄에 대한 심판 역시도 소홀히 여기게 된다.

요한일서 1장에서 사도 요한은 자신의 죄를 감추려고 하는 사람들에 대해서 그들이 말로 자기의 죄를 감추고 있다고 지적한다.

"만일 우리가 하나님과 사귐이 있다 하고 어둠에 행하면 거짓말을 하고 진리를 행하지 아니함이거니와"(1:6)

그들은 거짓말을 하면서 "아, 나는 하나님과 교제를 갖고 있지요"라고 말한다. 찬송을 부르고 간증을 하지만, 그들은 어둠 속에서 행하는 자들이다.

요한일서 1장 8절은 그들이 스스로를 속이고 있음을 알 수 있다.

"만일 우리가 죄가 없다고 말하면 스스로 속이고 또 진리가 우리 속에 있지 아니할 것이요"

그들은 자주 거짓말을 하여 자신들 스스로 속아 버린다. 요한일서 1장 10절은 "만일 우리가 범죄하지 아니하였다 하면 하나님을 거짓말하는 이로 만드는 것이니 또한 그의 말씀이 우리 속에 있지 아니하니라"라고 말씀한다. 나중에는 하나님께도 거짓말을 하게 되는 것이다. 그들은 기도하는 척할 수는 있으나 실제로 기도하지는 않는다. 가장 무도회에 지나지 않는다.

선한 양심은 제대로 기능을 발휘하지만, 선한 양심에 죄를 짓는다면 부패한 양심을 만들어 내게 된다.

> "깨끗한 자들에게는 모든 것이 깨끗하나 더럽고 믿지 아니하는 자들에게는 아무 것도 깨끗한 것이 없고 오직 그들의 마음과 양심이 더러운지라"(딛 1:15)

빛이 들어오는 창문이 더럽혀짐으로써 선한 양심이 부패하게 된다. 우리가 하나님께 죄를 범하면 범할수록 그 창문은 더 더러워진다. 여기서 더 지나면 화인 맞은 양심이 되는 것이다.

"자기 양심이 화인을 맞아서 외식함으로 거짓말하는 자들이라"
(딤전 4:2)

화인을 맞았다는 표현은 이해하기 어려운 것이 아니다. 피부에 화상을 입으면 상처 부위에 흉터 자국이 생긴다. 그리고 그 부분은 감각을 상실하게 된다. 이와 마찬가지로 양심도 화인을 맞는다는 것이다.

그런 방식으로 처음에는 선한 양심이 부패한 양심이 되고 그 다음에는 부패한 양심이 화인 맞은 양심이 된다. 양심이 감각을 상실하여 우리를 책망하지 않게 되어 저속한 생활에까지 이르는 것은 그리 어렵지 않다. 거짓말을 하면서도 얼굴색 하나 변치 않고 조금도 가책을 느끼지 않을 때, 이것은 악한 양심으로 변하고 있다는 것을 말해 주는 것이다.

3. 악한 양심의 특징은 무엇인가?

"내가 악한 양심을 가졌는지 아닌지 어떻게 알지요?"라고 질문할 수 있다. 이제 악한 양심에 대한 특징을 살펴보자.

● 죄를 장난으로 여긴다.

악한 양심의 첫 번째 특징은 죄를 장난처럼 여기고 행한다는 것이다.

장난처럼 죄를 짓게 될 때부터 죄를 소홀히 여기게 된다. 이들은 죄를 장난처럼 지으면서 조금도 걱정하지 않는다.

● 얄팍한 고백과 회개를 한다.

두 번째 특징은 얄팍하게 죄를 고백하고 얄팍하게 회개한다는 것이다.

우리는 하나님께 죄를 고백하지 않고 변명할 때마다 무엇인가 잘못되었다는 마음이 든다. 그러나 악한 양심을 가진 사람들은 얄팍한 고백을 하고 순간적인 회개를 한다. 이것은 사실 전혀 회개가 아니다. 그저 겸연쩍어할 뿐이다.

● 죄를 구분한다.

악한 양심의 다른 특징 중 하나는 죄를 구분한다는 것이다.

우리는 흔히 죄에도 큰 죄가 있고 작은 죄가 있다고 믿으려 하는데, 하나님께서 보시기에는 죄는 다 죄일 뿐이다. 많은 것을 이해하게 될수록 우리가 작은 죄라고 생각한 것도 큰 죄라 불리는 것과 똑같이 나쁘다는 것을 알게 된다. 어떤 사람은 이렇게 말한다.

"나는 살인을 하지 않았습니다. 살인은 큰 죄죠. 나는 간음도 행치 않았습니다. 그러므로 작은 죄들은 잘 처리할 것입니다."

영국의 성경학자인 캠벨 모간(G. Campbell Morgan) 박사는 신자라는 명분 속에서 행해지는 죄에 대해 말한 적이 있다. 오늘날 교회 안에서 이런 종류의 죄가 자연스럽게 행해지는 것은 두려운 일이 아닐 수 없다. 교회는 간음죄와 술 취하는 것, 살인죄는 제거하고 있지만 남을 비방하거나 거짓말을 하는 것, 교만한 것 등에 대해서는 어떻게 하고 있는가?

이것이 교인이란 이름을 내걸고 행해지는 것이다. 악한 양심을 가진 자는 어떤 것은 큰 죄로, 어떤 것은 작은 죄로 나누어 생각한다.

● 평판에 관심을 가진다.

악한 양심을 가진 사람은 자신의 인격보다 평판에 더 관심을 가진다.

악한 양심을 가졌다면 남들에게 드러나지 않는 일을 행하고, 만일 어떤 일이 드러나게 된다 해도 그 일에 대해 자기 나름대로 변명하며 넘겨버리려 할 것이다. 인격보다 평판에 신경을 쓰는 사람들은 다른 사람들에게 드러나지 않고 보이지 않을 때는 무슨 일이라도 은밀하게 행한다는 뜻이다. 이런 행위는 양심을 부패하게 하고, 결국 악한 양심이 되게 하는 매우 위험한 자세이다.

● 분명한 진리에 대해 논쟁하려 한다.

악한 양심을 가진 자들은 분명한 진리에 대해 논쟁하려 든다.
어떤 문제에 대해 지나치게 민감한 사람을 만나거든 조심하라. 그 사람들은 악한 양심으로 변하고 있다. 그들에게 문제를 납득시

키려 해도 소용이 없다. 이미 그들의 마음에는 확고하게 결정된 것이기 때문이다.

그들은 분명한 진리에 대해서 논쟁하려 하고, 자신의 행동에 대해 설명하려 한다. 나는 자신의 죄를 정당화하기 위해 성경을 인용하는 그리스도인들을 많이 보아왔다.

4. 어떤 이들이 악한 양심을 가지게 되는가?

이제까지 우리는 악한 양심이란 무엇인가, 악한 양심의 원인은 무엇인가, 또 악한 양심의 특징은 무엇인가에 대해서 살펴보았다. 이제는 "어떤 이들이 악한 양심을 가지게 되는가"에 대한 질문에 답해보자. 이 질문은 당신에게도, 나에게도 해당되는 것이다.

사울 왕에게도 그런 일이 일어났다. 성경 속에 있는 가장 비극적인 전기가 있다면, 그것은 아마 사울 왕의 사건이 아닐까 생각한다. 그는 처음 성령의 기름 부으심을 받고 그에게 충성을 다짐하는 무리와 함께 큰 축복 속에서 왕국을 시작했다. 좋은 기회와 사무엘과 같이 그를 위해 기도하는 훌륭한 친구가 있었다. 그러나 그는 성급하게 행동했고 거짓말을 시작했다. 그리고 자기에게 압력을 가하는 사람들을 염려하여 사무엘에게 "내 백성의 장로들 앞과 이스라엘 앞에서 나를 높이사"라는 부탁을 했다(삼상 15:30).

또 다윗을 질투하였고 마지막에는 하나님께서 그를 저버리자 영매자의 어두운 동굴까지 찾아갔다.

결국 그는 전쟁터에서 패하고 자살까지 하게 되었다(삼상 31:1-6).

사울이 양심에 거짓을 말하고 죄로 장난하게 될 때부터 그의 운명은 바뀌기 시작했다. 악한 양심을 가지게 됨으로써 어두움 속으로 들어가게 된 것이다. 그는 가장 훌륭한 친구를 적으로 대하고 진짜 적을 친구로 대했다.

그러나 이런 일이 다윗에게도 똑같이 일어났다는 것을 기억해야 한다. 사무엘상 24장에서 다윗은 사울 왕이 잠들었을 때 그의 옷자락을 잘랐다. 성경은 그때 "다윗의 마음이 찔렸다"고 말하고 있다(24:5). 이때 다윗의 양심은 너무 부드러워 이런 작은 행동에도 가책을 받았다.

그러나 사무엘상 26장에서 다윗은 사울의 창과 물병을 몰래 가져

왔지만, 양심이 찔렸다는 기록은 없다. 수년 후에는 밧세바를 취하고 그 남편을 죽였다. 그리고 근 일 년 동안 죄를 감추었다.

이스라엘의 아름다운 노래의 주인공이 이런 악한 양심을 가질 수 있는가?

그렇다. 다윗이나 사울이나 나 당신에게도 똑같이 일어날 수 있는 일이다.

5. 악한 양심은 치유될 수 있는가?

이제 마지막 질문이다.

"악한 양심은 치유될 수 있는가"라는 질문에 대한 대답 역시 "그렇다"이다.

우리가 주님께 나간다면 악한 양심은 치유될 수 있다. 무엇보다 죄를 하나님 앞에서 정직하게 고백하고, 진실한 회개의 자세를 가져야 한다.

다윗은 시편 51편에서 어떻게 하나님 앞에서 굴복하고 회개했는지를 아름답게 묘사하고 있다. 우리는 회개하고 예수 그리스도의 피로 씻음을 받아야 한다.

"하물며 영원하신 성령으로 말미암아 흠 없는 자기를 하나님께 드린 그리스도의 피가 어찌 너희 양심을 죽은 행실에서 깨끗하게 하고 살아 계신 하나님을 섬기게 하지 못하겠느냐"(히 9:14)

우리는 하나님께 진실하게 죄를 회개하고 고백해야 한다. 그리고 사과와 배상을 통해서 할 수 있는 대로 우리가 손해를 입힌 사람들에게 모든 것을 배상하고 죄에서 씻음을 받고 하나님께 가까이 나아가야 한다.

"우리가 마음에 뿌림을 받아 악한 양심으로부터 벗어나고 몸은 맑은 물로 씻음을 받았으니 참 마음과 온전한 믿음으로 하나님께 나아가자"(히 10:22)

히브리서 기자는 주 예수 그리스도의 피로 씻음 받아야 할 것을 말하고 있다. 만일 어떤 사람이 정직하게 "나는 악한 양심을 가지고 있습니다"라고 고백한다면, 나는 그에게 이렇게 경고할 것이다.

"당신의 빛이 어두움으로 변하게 될 뿐 아니라 당신은 다른 사람들까지 어두움 속에 살게 할 것입니다."

악한 양심으로 인한 비극은 우리가 다른 사람에게 입히는 영향력으로 나타난다. 악한 양심을 가지고 있는 남편은 그 아내와 아이들에게 영향을 미치게 되며, 악한 양심을 가진 십대는 부모와 친구에게 악영향을 미친다. 사울과 다윗으로 인해 생기는 사건들을 생각해 보라.

오늘 우리가 두려워하는 이러한 일들이 생활 속에 나타나고 있지는 않은가? 자신의 인격보다 다른 사람들의 평판에 더 관심을 가지고 악한 양심을 키워가고 있지는 않은가? 하나님께서 나를 알고 계시는 것보다도 다른 사람이 나를 어떻게 생각할까에 더 관심을 쏟고 있지는 않은가?

다시 경고를 하고 싶다. 만일 우리가 악한 양심을 가지고 산다면, 종국에는 그 악한 양심이 우리를 망치고 말 것이다. 사울 왕을 죽게 한 방법과 같지는 않을지라도 그것은 우리의 기쁨과 힘, 하나님과의 교제, 인격을 파괴해버릴 것이다. 사랑하는 사람과의 교제도 파괴해버릴 것이다. 그러나 하나님의 말씀의 권위에 의지하여 말하건대, 아무리 양심이 어둡다 해도 예수 그리스도께 나와서 회개하는 자세로 죄를 고백한다면, 하나님께서는 당신을 치유해 주시며 깨끗케 하실 것이다.

당신의 영혼의 창문을 깨끗케 하시고 빛이 다시 비춰도록 해주실 것이다. 그리고 자극에 예민한 양심을 계속 유지하기를 원한다면 하나님의 뜻에 순종하면 된다. 부패하고 악한 양심이 아니라 선한 양심을 유지할 수 있도록 하나님께서 도와주실 것이다.

● **거리낌 없는 양심을 위한 Question**

1. 당신은 죄를 지은 후 어느 정도 양심에 가책을 느끼는가?

2. 당신은 죄를 장난처럼 여긴 적은 없는가?

3. 당신은 주위의 사람들에게 어떤 영향력을 미치는 사람인가?

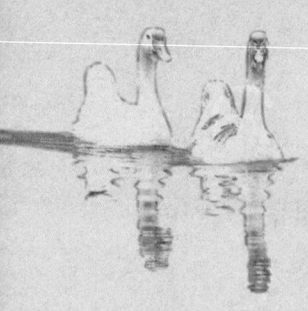

우리가 세상에서
특별히 너희에 대하여
하나님의 거룩함과 진실함으로 행하되
육체의 지혜로 하지 아니하고
하나님의 은혜로 행함은
우리 양심이 증언하는 바니
이것이 우리의 자랑이라

(고린도후서 1:12)

7부
양심과 사역

뛰어난 사역을 하기 원한다면,
양심은 매우 중요한 것이다.
잃어버린 자를 위하여 진정한 마음을 가지고
말씀을 온전히 전하기 위하여 양심이 증거해야 한다.
만약 선한 양심을 가지고 있다면,
하나님의 영광을 위하여 효과적인 사역자가 될 수 있다.

그리스도인의 삶에 있어 양심의 비중은 매우 크다. 바울이 디모데에게 보낸 디모데전서 1장 19절의 말씀은 그리스도를 섬기는 성도들 모두가 명심해야 하는 것이다.

"믿음과 착한 양심을 가지라"

믿음을 갖는 것이나 복음주의적이고 신학적 정통주의를 갖는 것은 착한 양심을 갖는 것보다는 쉬울 것이다. 믿음은 진실하지만 착한 양심을 갖지 못해서 나쁜 평판을 받는 그리스도인들이 종종 있는데, 불행한 일이 아닐 수 없다. 결과적으로 그런 사람은 심한 어려움에 빠지게 된다.

효과적으로 사역을 감당하길 원한다면, 양심은 아주 중요한 것이다. 이제 양심 때문에 치명적인 영향을 받는 사역의 서로 다른 다섯 가지 영역에 대해서 살펴보자.

1. 잃어버린 자를 얻기 위해서

무엇보다 먼저 잃어버린 자를 구하는 것이 중요하다. 궁극적으로 우리가 이 세상에 남아 있는 이유는 잃어버린 자를 예수 그리스도께 돌아오게 하기 위함이다.

로마서 9장 1-3절에 이런 말씀이 있다.

> "내가 그리스도 안에서 참말을 하고 거짓말을 아니하노라 나에게 큰 근심이 있는 것과 마음에 그치지 않는 고통이 있는 것을 내 양심이 성령 안에서 나와 더불어 증언하노니 나의 형제 곧 골육의 친척을 위하여 내 자신이 저주를 받아 그리스도에게서 끊어질지라도 원하는 바로라"

사도 바울은 그 자신의 혈육인 이스라엘을 구원받게 해야 한다는 큰 짐을 지고 있었다. 비록 바울이 이방인의 사도로 불리고 있었으나 그는 늘 유대 민족의 구원에 대한 짐을 지고 있었다.

이런 말을 한다고 해서 오해하지는 않겠지만, 때로 나는 영혼 구원이나 복음을 증거하는 것이 취미처럼 될 때가 있는 것이 두렵다.

실제 어떤 전도자나 교사들은 영혼 구원의 일을 복음적인 취미로 하기도 한다. 그들은 늘 얼마나 많이 증거했고 몇 명이나 전도했는지 숫자에 관심을 둔다. 물론 통계를 내기 위해서는 좋겠지만, 이것은 잘못된 것이라 생각한다.

스펄전은 이런 통계를 비판하는 자는 아무런 실적이 없는 자라고 말하기도 했다. 그러나 내가 하고자 하는 말은 이런 실적이 있는 이들로 해서 하나님께 영광을 돌리는 일 자체가 나쁘다는 것이 아니다. 다만 하나님께서만이 그들 중에 누가 진실한 그리스도인인지 알고 계시다는 것이다. 중요한 것은 실적 보고가 아니라 내적 동기이다.

바울의 민족에 대한 부담감은 실제적인 것이지 꾸민 것이 아니었다. 그래서 그는 "양심이 성령 안에서 나로 더불어 증거하노니"라고 말했다. 성령께서 사도 바울이 잃어버린 영혼에 대한 진정한 사랑을 가졌음을 증거하셨다는 것이다. 지금 우리에게도 이런 사랑이 필요하다.

성경 말씀을 가지고, 전도자로서 어떤 것은 실감하지 못하면서 전도하는 일이란, 내게는 어려운 일이 아니다. 그러나 그것은 매우

위험스러운 일이다. 주일 학교 교사가 자기에게는 전혀 의미가 없는 것을 아이들에게 가르칠 수 있듯이, 우리 역시 진실한 사랑과 관심 때문이 아니라 단순히 의무로 사람들에게 복음을 증거할 수도 있다.

베드로는 이에 대해 베드로전서 3장 15, 16절에서 다음과 같이 말하고 있다.

"너희 마음에 그리스도를 주로 삼아 거룩하게 하고 너희 속에 있는 소망에 관한 이유를 묻는 자에게는 대답할 것을 항상 준비하되 온유와 두려움으로 하고 선한 양심을 가지라 이는 그리스도 안에 있는 너희의 선행을 욕하는 자들로 그 비방하는 일에 부끄러움을 당하게 하려 함이라"

주님을 증거할 때 우리는 선한 양심을 가져야 한다. 선한 양심을 갖지 못하면, 그 증거는 힘을 잃게 된다. 복음을 다른 사람들에게 전할 때, 우리의 마음속에 무엇인가 잘못한 것을 기억하고 있다면, 하나님께서는 그 일에 함께 하실 수 없다.

2. 목회 계획에 있어서

목회 사역을 효과적으로 이루기 위해서는 목회 계획을 수립해야 한다. 이 목회 계획에 있어서 필요한 것이 또한 선한 양심이다.

"우리가 세상에서 특별히 너희에 대하여 하나님의 거룩함과 진실함으로 행하되 육체의 지혜로 하지 아니하고 하나님의 은혜로 행함은 우리 양심이 증언하는 바니 이것이 우리의 자랑이라"(고후 1:12)

이제 바울이 이 말을 하게 된 배경에 대해 알아보자. 바울은 고린도에 가기로 약속하고 그곳에서 겨울을 보내려고 했다. 또 그곳에서 예루살렘의 유대인들을 돕기 위한 헌금을 하려고 했다.

바울은 이런 계획을 고린도교회 교인들에게 알렸지만, 후에 그 계획을 바꿔야만 했다. 그래서 고린도교회는 사도 바울이 정함이 없고 신의가 없다고 비난하게 된 것이다.

그들은 사도 바울이 "예"라고 하면 그것은 "아니요"란 뜻이며, "아니요"라고 하면 "예"라는 뜻이라고까지 말했다. 그래서 바울은

고린도후서에서 이들의 오해와 하나 되지 못함에 대해 몇 장씩 쓴 것이다.

예전에 한번 집회 모임을 취소한 적이 있었다. 변경할 수밖에 없는 상황이었기에 계획을 취소했는데, 그 때문에 낭패를 당한 사람이 편지를 보내왔다. 또 어머니께서 갑작스런 병이 나셨을 때, 어느 집회의 강사로 나가기로 약속했던 나는 그 약속을 취소함으로써 몇 사람으로부터 불쾌하다는 반응을 경험했다.

때로 나는 "그곳에서 일하길 원합니다"라고 말했지만, 하나님께서 계획을 변경시키셨다. 결국 중요한 것은 이런 말을 선한 양심으로 했는가 아닌가에 있는 것이다.

우리는 계획을 세우고 "하나님의 뜻이면 이것저것을 하리라"라고 말해야 할 것이다. 우리가 세운 계획이 하나님의 뜻이라고 보증할 수 없기 때문이다. 또한 우리의 사역을 위한 하나님의 뜻을 항상 알 수도 없다. 그러므로 중요한 것은 계획하고 나서 이루지 못해 결국 거짓말을 하게 된 것에 초점을 둘 것이 아니라 모든 일에 감추인 것 없이 정직해야 한다는 점이다. 그래서 바울은 "내 양심이 내가 진실했음을 증거하며 또한 나는 정직했다. 나는 세상적인 지혜를 사용하지 않았다. 다만 너희가 원하던 대로 되지 못했음을 미안하게 여길 따름이다. 그러나 내 양심은 내가 잘못한 것이 없음을 증거해 주고 있다"라고 말할 수 있었던 것이다.

어떤 이는 믿음으로 산다는 것이 계획하지 않고 사는 것을 의미한다고 말한다. 우리의 사역을 인간적인 계획을 세우는 것에서 시작하고 있다면, 그것은 믿음으로 사는 것이 아닐 수 있으므로 조심해야 할 것이다.

3. 하나님의 말씀 사역에 있어서

양심이 중요한 위치를 차지하는 세 번째 영역은 하나님의 말씀 사역에 있다. 고린도후서 4장 2절은 "이에 숨은 부끄러움의 일을 버리고 속임으로 행하지 아니하며 하나님의 말씀을 혼잡하게 하지 아니하고 오직 진리를 나타냄으로 하나님 앞에서 각 사람의 양심에 대하여 스스로 추천하노라"라고 말씀하고 있다.

고린도후서 5장 11절은 "우리가 주의 두려우심을 알므로 사람을

권면하거니와 우리가 하나님 앞에 알리워졌으니 또 너희의 양심에도 알리어지기를 바라노라"라고 말씀한다.

여기서 바울은 두 가지 면을 말하고 있다.

즉 하나님의 말씀을 전할 때, 우리의 양심이 하나님 앞에서 열리고 또한 모든 사람의 앞에서도 열린다는 것이다. 때로 개인적으로 하나님의 말씀을 전해 주는 이들의 말을 들을 때, 나는 그들이 하나님의 말씀을 정확하게 사용하지 않아서 양심이 괴로웠던 적이 있었다. 이처럼 바울은 하나님의 말씀을 전하고자 할 때, 우리의 양심이 하나님 앞과 사람 앞에서 거리낌이 없어야 할 것을 말하고 있다.

어떤 사람들은 의도적으로 하나님의 말씀을 왜곡한다. 정직하지 못하고 간교하게 하나님의 말씀을 사용하는 것이다. 또 어떤 이들은 자기의 말을 증거하기 위해 성경 구절을 사용할 계획을 세우기도 한다.

그러나 하나님의 말씀을 정직하고 깨끗한 양심으로 사용할 때에만 하나님께서는 우리를 축복하신다.

만일 내가 당신에게 하나님의 말씀을 전하고 내 양심이 하나님과 당신 앞에서 열려 있다면, 성령님께서 그 말씀을 사용해서 당신의 생을 축복하실 것이다. 그러나 내가 속이는 마음과 교활한 마음으로, 그리고 하나님의 말씀을 어그러진 방법으로 다루고 있다면, 하나님께서는 그 말씀으로 역사하실 수 없게 된다.

불행하게도 많은 사람들이 그 차이점을 인식하지 못하고 있다. 설교자가 말할 때에, 그가 하나님의 말씀을 바르게 사용하고 있는지 그렇지 않는지를 분간하지 못하는 것이다.
양심이 그 기능을 제대로 발휘하고 있다면, 성령님께서 우리에게 분별력을 주실 것이다.

우리는 하나님의 말씀을 전파하는 데 있어서만 정직할 것이 아니라 그 말씀을 전한 대로 또한 실천해야 한다. 말씀을 실천하는 것은 말씀을 전하는 것보다 더 어렵다.
디모데전서 3장 9, 10절에서 바울은 집사의 자격에 대해 이렇게 말한다.

"깨끗한 양심에 믿음의 비밀을 가진 자라야 할지니 이에 이 사람들을 먼저 시험하여 보고 그 후에 책망할 것이 없으면 집사의 직분을 맡게 할 것이요"

어떻게 시험하여 보는가? 바로 그들이 믿는 대로 실천하는지를 보는 것이다.

"깨끗한 양심에 믿음의 비밀을 가진 자라야 할지니."

다시 말해서 믿음에 있어 정통주의가 되는 것이 아니라 행함에 있어 정통주의가 되어야 한다. 하나님의 말씀 사역을 하는 데 있어서 하나님의 말씀을 어그러지지 않게 하기 위해서, 또 하나님의 말씀과는 다른 말씀을 전하지 않기 위해서 깨끗한 양심을 갖는 것이 중요하다. 설교자나 주일학교 교사도 설교를 미리 준비하고 나서 거기에 맞는 성경 말씀을 찾으려 해서는 안 된다.

먼저 하나님의 말씀에서 그 말씀이 뜻하는 것을 발견한 후에 설교나 주일공과를 준비해야 한다.

4. 비판적인 자들을 대하는 데 있어서

양심은 목회 사역에 있어 잃어버린 자를 얻기 위해, 목회 계획을 세우는 데, 하나님의 말씀을 전하는 데 중요하다고 말했지만, 또한 비판적인 자들을 대하는 데도 중요하다.

성경은 고린도전서 4장 1-5절에서 이렇게 말씀한다.

"사람이 마땅히 우리를 그리스도의 일꾼이요 하나님의 비밀을 맡은 자로 여길지어다 그리고 맡은 자들에게 구할 것은 충성이니라 너희에게나 다른 사람에게나 판단 받는 것이 내게는 매우 작은 일이라 나도 나를 판단하지 아니하노니 내가 자책할 아무 것도 깨닫지 못하나 이로 말미암아 의롭다 함을 얻지 못하노라 다만 나를 심판하실 이는 주시니라 그러므로 때가 이르기 전 곧 주께서 오시기까지 아무 것도 판단하지 말라 그가 어둠에 감추인 것들을 드러내고 마음의 뜻을 나타내시리니 그 때에 각 사람에게 하나님으로부터 칭찬이 있으리라"

바울은 당시 고린도교회로부터 신랄한 비판을 받았다. 그들은 바울을 베드로와 아볼로에 비교하며, 바울의 편지는 매우 힘있고 강하지만 실제로 대면하면 아주 지루한 전도자라고 했다. 그들은 바울과 그의 사역에 대해서도 많은 비판을 가했다.

바울은 이에 대해 그러한 비판이 자신에게는 작은 일이며, 사람들은 자기를 비판하지만 자기는 스스로를 비판치 않는다고 말하고 있다.

위 성경 구절에서 "내가 자책할 아무것도 깨닫지 못하나"의 "깨닫다"로 번역된 헬라어는 양심이란 단어와 어원을 같이하는 말이다.

곧 이는 "내 양심에 거리낌이 없다"라는 말이다. 그러나 그는 덧붙이기를 "그러나 이를 인하여 의롭다 함을 얻지는 못한다"고 말하고 있다.

다시 말해서 깨끗한 양심을 갖고 있을지라도 잘못할 수는 있다는 말이다. 그러면서도 바울은 이렇게 말한다.

"너희가 비판을 당할 때 너희가 옳다고 여긴다면 너희 양심에 담대함을 가질 것이고 또한 그처럼 행하라."

토저(A. W. Tozer) 박사가 이에 대한 좋은 교훈을 준다.

"정당한 비판이라면 비판하길 두려워 말라. 이런 비판은 받는 사람에게 유익하기 때문이다. 비판을 받는 사람이 틀렸다면 비판하는 사람은 그를 돕고 있는 것이고, 비판하는 사람이 틀렸다면 비판받는 사람이 도울 것이다."

그러므로 정당한 비판은 유익할 수 있다. 그러나 실제 사역 중에는 정직하지 못하고 악의에 찬 비판과 불평들이 있다. 이에 대해 바울은 "너희 양심이 깨끗하다면 주님께서 너와 함께하심을 믿고 담대하라"고 말하는 것이다.

5. 거짓교리를 대함에 있어서

거짓 교리를 대할 때도 지혜롭게 양심을 사용하는 것이 필요하다.

디모데전서 1장 18, 19절은 "아들 디모데야 내가 네게 이 교훈으로써 명하노니 전에 너를 지도한 예언을 따라 그것으로 선한 싸움을 싸우며 믿음과 착한 양심을 가지라 어떤 이들은 이 양심을 버렸고 그 믿음에 관하여는 파선하였느니라"고 말씀하고 있다.

어떻게 거짓 교훈에 대항해 싸울 수 있는가?

그것은 신앙과 선한 양심으로, 하나님의 말씀과 선한 양심으로 해야 한다. 신학적으로도 정통해야 하지만, 생활면에서도 정통해야 하는 것이다. 어떤 사람들은 비록 나쁜 양심을 가지고 있다고 해도 거짓 교훈에 대항하여 싸울 수 있다고 생각한다. 그러나 사단은 부패한 양심을 가진 사람을 발견하면 그 자리를 기점으로 삼아 활동한다는 것을 알아야 한다.

자기가 전하는 대로 실천하지 못하는 교회의 일꾼들을 발견하는 것만큼 사단이 기뻐하는 것은 없다. 진리를 말하면서도 진리대로 실천하지 못하고 있는 동안 사단은 그 사람에게 진리를 전하는 일을 계속하도록 해줄 것이다. 사울에게 일어난 일이 이와 같은 것이다.

사울은 하나님의 말씀의 진리에서 점점 떠나기 시작해서 종국에는 패망과 불명예 속에서 끝을 맺었다.

마귀는 전도자가 증거하는 것이 거짓이라는 것을 나타내려고 소위 정통이라 주장하는 전도자를 이용할 수도 있다. 잘 믿다가 타락한 생활을 하는 사람만큼 다른 이들에게 치명적인 손상을 주는 존

재는 없기 때문이다.

위대한 종교 개혁자 마르틴 루터(Martin Luther)의 전기를 다시 읽어본 적이 있는데, 그는 곤경에 처했을 때 이렇게 말했다.

"성경의 증거와 명백한 이성의 증거가 없고, 내가 인용한 성경에 잘못된 것이 없다면, 또 하나님의 말씀에 매인 나의 양심이 허용하지 않는다면, 나는 이 주장을 취소할 수 없습니다. 자신의 양심을 배반한다는 것은 그리스도인에게는 있을 수 없습니다. 오. 하나님 내가 여기 서 있나이다. 나는 이제 아무것도 할 수 없나이다. 나를 도우소서! 아멘!"

루터가 많은 군중과 종교 지도자들에 대항해 어떻게 이런 용기를 가질 수 있었는가? 그는 선한 양심을 가졌기 때문이다. 양심이 하나님의 말씀에 매여 있다면, 용감하게 거짓 교훈들에 대적할 수 있다.

지금까지 우리는 양심이 중요한 영향을 미치는 사역의 다섯 가지 범위에 대해 알아보았다.

요약해서 말하면, 첫째 잃어버린 영혼을 구할 때 우리의 양심은

그들을 구하겠다는 진정한 마음이 있음을 증거해야 한다. 단순히 개종자나 교인의 숫자에 대해서만 생각해서는 안 된다.

둘째, 목회에 대한 계획을 세울 때, 양심은 우리의 이기적인 목적을 위해서 단순히 계획만 하는 것이 아님을 증거해야 한다.

셋째, 하나님의 말씀을 전파하는 데 있어 말씀을 변조하거나 거짓으로 사용하지 않음을 양심이 증거해야 한다.

넷째, 비판을 당할 때, 양심이 깨끗함을 확신할 수 있어야 한다. 만약 그 비판이 옳다면 나에게 유익이 되고, 그가 틀렸다면 더욱 우리를 해하지 못한다. 바로 우리의 양심이 주님을 바르게 섬김을 증거하고 있어야 한다.

다섯째, 우리가 주의 선한 싸움을 싸우며 거짓 교훈에 부딪칠 때, 양심은 우리에게 승리를 주는 훌륭한 병기가 된다.

오늘 당신의 양심 상태는 어떠한가?

지금 주님께 나아가 우리가 선한 양심을 가졌는지 알아보는 것이

좋을 것이다. 만약 선한 양심을 가지고 있다면, 하나님의 영광을 위하여 효과적인 사역자가 될 수 있다.

● **거리낌 없는 양심을 위한 Question**

1. 당신은 복음을 전하려 할 때 양심을 깨끗이 한 후 전하는가?

   ----

2. 당신은 하나님의 말씀을 정직하게 전하며, 전한대로 실천하는 사람인가?

   ----

3. 어떻게 거짓 교훈에 대항해 싸울 수 있는가?

여호와여
나를 살피시고 시험하사
내 뜻과 내 양심을 단련하소서
(시편 26:2)

8부
양심과 정부

양심이 생활전반에 영향을 끼치고 있고,
하나님의 영광을 위해 산다면,
우리는 시민불복종을 할 수 있다.
예수님께서도 시민으로서의 권리를 박탈당하셨지만,
온순히 아버지의 뜻에 순종하셨다.

그리스도인으로서 우리의 시민권은 하늘에 있다. 그러나 또한 우리는 이 세상의 시민이기도 하다. 아마도 우리는 이 세상을 거쳐 지나가는 순례자이며 나그네인지도 모른다. 그러면서도 주변 사람들과 국가에 관계되어 있다.

그리스도인과 정부의 관계에 대한 신약의 고전적인 장은 로마서 13장이다.

"각 사람은 위에 있는 권세들에게 복종하라 권세는 하나님으로부터 나지 않음이 없나니 모든 권세는 다 하나님께서 정하신 바라" (롬 13:1)

바울은 이 말씀에서 모든 권세가 하나님에 의해 주어졌음을 말한다. 그리고 '왜 그리스도인이 정부에 복종해야 하는가'의 이유를 네 가지로 설명하고 있다.

첫째, 분노와 처벌을 피하기 위해서(13:1-4),

둘째, 양심으로 인해서(5-7),

셋째, 모든 율법의 완성인 사랑 때문에(8-10),

넷째, 주님께서 오실 때가 가까웠기 때문에 주님을 위해서(11-14) 복종하라고 설명하고 있다.

양심으로 인해 복종하라는 5절 말씀에 초점을 맞춰보자. 그렇다면 양심 때문에 그리스도인이 정부에 불복종한다면 그것은 옳다는 말인가? 그 대답은 "그렇다"이다. 그러나 이런 결론을 지으려면 신중해야 한다. 그리스도인이기 때문에 "시민 불복종"(Civil Disobedience - 인도에서 간디파가 행한 납세 등의 기타 의무에 대한 시민의 공동 반항을 말한다. - 역자 주)을 하는 경우도 있지만, 그리스도인으로서 이런 문제에 임할 때는 매우 신중해야 한다.

1. 성경에서의 예

먼저 정부의 권위에 경의를 표하면서도 정부에 대항한 사람들의 성경적인 예를 들어보자.

● 히브리 산파들과 모세의 부모

출애굽기 1장의 내용에 따르면, 히브리 산파들이 모든 히브리 여자들이 사내 아이를 낳았을 때는 즉시 죽이라는 바로 왕의 명령을 받았으나 그 일을 행치 않은 사실을 볼 수 있다. 그 결과 산파들은 그 일에 대해 해명을 해야만 했다. 그들이 바로 "시민 불복종"을 행한 것이다. 비록 잘못된 법이라 여기고 그 법에 불복종했으나, 그들은 정부에 대해서 경외심을 가지고 있었다. 결국 모세의 부모도 산파들과 같이 그 법에는 불복했다(히 11:23).

● 다니엘과 그의 친구들

이 문제에 관해서 다니엘을 빼놓을 수 없다. 다니엘 1장에 따르면, 다니엘은 자기에게 공급되는 음식을 거부했다. 그 문제를 다루는 데 있어서 그가 취한 은혜로운 방법은 참으로 적절했다. 그는 식탁을 책임질 사람을 협박하지 않고, 오히려 모든 사람과 화평토록 행했다. 유대인은 우상에게 바쳤던 음식은 먹을 수 없었으므로 그는 음식을 먹기를 거절했다. 정부에 대한 존경을 표하면서도 그 법률에 불복종한 것이다.

다니엘 6장에서는 30일 동안 왕 이외에는 어떠한 신에게도 기도나 간구를 못하게 하는 법이 통과된 것을 볼 수 있다. 물론 다니엘은 그 법을 어겼다. 그는 자신이 해왔던 정규적인 기도 시간을 지켰으며 그로 인해 사자 굴에 던져졌다.

그러나 잘 알고 있듯이 하나님께서는 그를 사자 굴에서 건지셨고, 다니엘을 통해 그분의 이름을 높이셨다. 다니엘은 정부의 권위를 인정하고 있었으나 그 법에는 순종치 않았던 것이다.

또한 다른 세 친구도 느브갓네살 왕의 우상 앞에 절하는 것을 거부해서 뜨거운 풀무불에 던져졌다(단 3장). 그들 역시 "시민 불복종"을 행한 것이다. 정부의 권위를 인정했으나 그들이 잘못된 법이라고 알고 있는 것에는 복종치 않았다.

● 예레미야

예레미야서를 읽게 되면, 예레미야 선지자가 종종 정부에 대해 불복한 기사를 읽을 수 있다. 예를 들면, 그는 예루살렘이 적군 바벨론에게 항복해야 된다고 말했다. 그래서 백성들은 그를 유대 민족의 반역자라고 부르기까지 했다.

적군에게 항복하라는 예레미야를 상상해 보라. 그러나 그것은 하나님께서 그에게 주신 메시지였다.

예레미야는 그 시대의 정책에 보조를 같이하기를 거절하고, 당시의 정치적 문제를 해결하기 위해 고심하는 불신앙적인 왕의 정책에 반대했다. 그래서 반역자로 몰렸고, 체포되어 토굴 속에 갇히게 되었다. 그러나 그는 하나님의 말씀을 진실하게 대했던 것뿐이었다.

● 베드로와 다른 사도들

신약 성경의 베드로와 다른 사도들에게서 아마 가장 전형적인 예를 볼 수 있으리라 생각한다. 사도행전 4장에서 그들이 체포되어 산헤드린 앞에 서서 말하게 되었을 때, 그들은 이렇게 말했다.

"베드로와 요한이 대답하여 가로되 하나님 앞에서 너희 말을 듣는 것이 하나님의 말씀을 듣는 것보다 옳은가 판단하라 우리는 보고

들은 것을 말하지 아니할 수 없다 하니"(사도행전 4:19, 20)

또 5장 29절을 보면 "베드로와 사도들이 대답하여 이르되 사람보다 하나님께 순종하는 것이 마땅하니라"는 말씀을 볼 수 있다. 그들 역시 정부의 권위는 인정하지만 그 법에 대해서는 불복한 것이다.

이상은 성경에 나오는 '시민 불복종'을 실행한 예이다.

'시민 불복종'이란 말은 미국의 자연주의자 헨리 데이빗 쏘로우(Henry David Thoreau)의 수필에서 온 것이다. 그는 멕시코 전쟁을 지원하는 것이 싫어서 인두세를 내는 것을 거부했고, 이로 인해 매사추세츠의 콘코드 감옥에서 하룻밤을 지내야 했다. 이때의 일을 두고 '시민 불복종'이란 단어를 처음 쓰기 시작했는데, 간디가 그의 수필을 읽고서 인도에서의 자유를 위한 투쟁에 이 단어를 도입했다.

현대의 많은 시민 권리 옹호자들이 쏘로우가 실행했던 이 '시민 불복종' 원리를 따르고 있다.

2. 우리가 따라야 할 기본 원칙

이상의 예에서 우리가 따라야 할 기본 원칙들을 모아보자.

● 양심이 생활 전반에 영향을 주어야 한다.

만일 시민 불복종을 실행에 옮기려고 한다면, 먼저 우리의 생활이 양심에 의해 영향을 받고 있는지 확신할 수 있어야 한다. 어떤 특정한 범위만 양심의 영향을 받아서는 안 된다.

양심 문제로 군 입대를 거부하는 대학생들에 관한 기사를 읽은 적이 있다. 그러나 그들 대학생들은 술에 만취하거나 과속으로 인한 교통사고, 시험 중에 커닝을 하는 일에는 양심의 가책을 느끼지 못하는 경향을 보인다. 다른 잘못된 것에는 아무런 양심의 가책을 느끼지 못하는 이들이 군 입대 문제에 대해서는 양심의 가책을 느낀다는 것은 내게는 믿기지 않는 일이다.

그러므로 첫 번째 원칙은 시민 불복종을 실행하려 한다면, 양심이 우리의 전 인격에 영향을 주고 있어야 한다는 것이다. 만약 선한 양심을 가지고 모든 일에 하나님과 동행하며 날마다 양심의 인도를 받는 사람이 군 입대를 거부한다면, 나는 그것을 인정할 것이다. 그런 사람이라면, 양심적으로 군복무의 의무를 거절하고 그 문제에 정직하게 임하고 있다고 믿을 수 있기 때문이다.

위대한 복음 전도자 무디(D. L. Moody)가 양심적인 징집 거부자였다는 사실은 흥미로운 사실이다. 그는 그저 자신은 군 복무를 할 수 없다고 말했다. 많은 사람들이 양심 때문에 군에 입대를 하지 않고도 다른 식으로 그 일을 도울 수는 있다. 예를 들면 병원에서 일하는 것 등으로 군 복무를 하지 않을 수 있다.

만일 양심이 생활 전반에 영향을 끼치고 있고, 우리가 하나님의 영광을 구한다면, 우리는 '시민 불복종'을 실행할 수 있다.

● 성경적인 확신이 있어야 한다.

두 번째, 시민 불복종은 성경적인 확신에 기초해야 한다. 다시 말해서 하나님의 법에 순종하기 위해서 인간의 법을 거부한다는 근거가 있어야 한다.

이스라엘의 산파들은 살인을 해서는 안 된다는 것을 알고 있었기 때문에 사람의 법이 아닌 하나님의 법에 순종했다. 다니엘 역시 유대인들에게 금지된 음식은 먹을 수 없었고, 하나님 대신에 우상에게 절을 할 수 없다는 것을 알고 있었다. 하나님의 말씀은 분명히 우상 숭배는 죄라고 했기 때문이다. 다니엘의 세 친구도 우상에게 절하는 것은 잘못이라는 것을 알고 기꺼이 풀무불에 던져지길 원했다. 그들은 성경적인 확신이 있었다.

신약의 사도들도 예루살렘에서 시작해 복음을 전파하라는 명령을 받았다. 그들의 담대한 행동의 배후에는 성경의 권위 있는 말씀에 대한 확신이 있었다.

때로는 정부나 정책에 대해 선하고 경건한 사람들이 동의하지 않을 수도 있다. 이런 문제를 영적인 시험이라 여기지 말고, 자신감을 가지고 성경적 확신에 의해 행동하면 된다. 그러나 다른 사람에게 강요해서는 안 된다.

선하고 경건한 사람들만이 어떤 문제에 대해 거부감을 느끼는 경우가 있다. 그러나 삶의 일반적인 문제에 대해서는 하나님의 말씀이 분명히 밝혀주고 있다. 즉 살인하지 말라, 도적질하지 말라, 우상 숭배하지 말라 등의 규정은 분명하게 제시된 것들이다.

- **예의가 있어야 한다.**

   시민 불복종을 실행하기 위해서는 용기가 필요하다. 그러나 이 용기에는 예의가 수반되어야 한다. 성경에 나오는 시민 불복종을 행한 사람들의 사건 속에서 그들이 보여준 예의와 친절과 사랑에 나는 많은 감동을 받았다.

   그들은 건물을 불태우거나 호전적인 모습으로 욕을 하거나 하지 않았다. 실제로 그들은 거의 저항하지 않았다. 정부에 대한 경외심을 가지고 그 일을 수행하기 위해 수천 리 길을 가기도 했다. 그들은 정부의 권위를 인정하면서 그 법률에 한해 불복했다. 하나님께 순종하면서 사람에게는 불복하는 일이 동시에 가능했던 것이다.

   다니엘은 그를 담당하고 있던 사람이 곤경에 처하지 않도록 이렇게 제안했다.

   "열흘 동안 시험하여 채식을 먹게 한 뒤, 열흘 뒤에 보아서 효력이 없다면 다른 방법을 실행하게 하소서."

   다니엘이 그를 담당하고 있는 사람을 곤경에 빠뜨리게 할 권리가 없었듯이 우리도 우리가 가진 확신 때문에 다른 이들을 곤경에 빠

뜨릴 권리가 없다.

우리의 확신과 마찬가지로 다른 사람도 존중해 주어야 한다. 사도 바울이 권세 잡은 자들을 위해 기도하라고 한 이유가 이 때문이라 생각한다.

"그러므로 내가 첫째로 권하노니 모든 사람을 위하여 간구와 기도와 도고와 감사를 하되 임금들과 높은 지위에 있는 모든 사람을 위하여 하라 이는 우리가 모든 경건과 단정함으로 고요하고 평안한 생활을 하려 함이라"(딤전 2:1,2)

● 주님을 증거하는 기회로 하라.

시민 불복종을 행하려 할 때, 그것은 주님을 증거하는 기회를 제공하는 것이어야 한다. 이것이 중요하다. 단지 나쁜 법에 반대하는 것이 아니라 하나님께 영광을 돌리기 위해서 하는 것이다. 우리가 그리스도인으로서 행하는 모든 것은 다른 사람들에게 성경을 어떻게 대할 것인가에 영향을 미치며 기독교인에 대한 생각과 복음을 대하는 자세에 영향을 주게 된다. 그래서 우리는 먼저 자신에게 이렇게 물어야 할 것이다.

"내가 이 투쟁을 마치게 되면, 그것은 복음 전도에 유익한 것인가? 주님을 증거하기에 용이한가? 하나님께 영광이 되는가?"

디도서 3장 1, 2절은 "너는 그들로 하여금 통치자들과 권세 잡은 자들에게 복종하며 순종하며 모든 선한 일 행하기를 준비하게 하며 아무도 비방하지 말며 다투지 말며 관용하며 범사에 온유함을 모든 사람에게 나타낼 것을 기억하게 하라"고 말씀한다.

이것은 이해는 쉬우나 행하기는 어려운 말씀이다. 나는 시민 저항을 실행한다고 외치는 자들이 적의와 비열한 수단으로 욕하며 싸우는 것을 보면, 그것이 경건한 양심에서 시작했다고 믿기가 어렵다. 그 모든 일은 주님을 증거하는 것이 되도록 해야 한다.

유대인 산파들은 하나님께 영광이 되게 했고, 다니엘도 하나님께 영광이 되게 했으며, 사도들도 하나님의 영광을 위해 행했을 때, 그들의 행위로 인해 그 문제로부터 구원을 받았다.

가끔 시민 저항의 명목으로 수행되는 것들이 사람의 마음에서 나

온 저급한 생각에서 시작된 것임을 보게 된다. 그저 단순히 정부를 싫어하며, 그들의 양심을 자신이 가지고 있는 적대감을 정당화하기 위해 이용하는 것이다.

● 그리스도를 본받으라.

우리는 그리스도를 본받아야 한다. 베드로전서 2장 13, 14절 말씀은 예수께서는 온순하고 겸손하여 자기를 모욕하는 자들에게 자신을 복종시키고 양심을 위하여 참으셨음을 분명하게 말해 주고 있다. 베드로는 "인간의 모든 제도를 주를 위하여 순종하되 혹은 위에 있는 왕이나 혹은 그가 악행하는 자를 징벌하고 선행하는 자를 포상하기 위하여 보낸 총독에게 하라"고 말한다. 우리는 심한 욕설과 울분에 찬 주먹이 아니라 예수 그리스도께서 보여주신 본을 좇아야 한다.

예수님께서는 시민으로서의 모든 권리를 박탈당하셨다. 헤롯도 빌라도 유대인 제사장들도 그분을 돕지 않았다.
그분은 오히려 헤롯과 빌라도, 산헤드린의 서로 다른 재판을 거쳐야만 하셨다. 그분은 시민으로서의 권리를 박탈당하셨으나 온순

히 그 아버지께 순종하셨다. 우리는 이 그리스도의 본을 따라야 할 것이다.

3. 우리의 의무를 행하고 화평케 하라

이제 두 가지 결론을 살펴보자.

먼저 가이사의 것은 가이사에게 돌려야 한다. 우리에게는 의무가 있다. 우리는 경찰력의 보호를 받고 화재 시에도 보호를 받는다. 운전하는 차도에서도 정부의 보호를 받는다. 시 정부의 보호 아래 있는 것이다. 그러므로 그에 따르는 책임을 이행해야 한다.

가이사의 것은 가이사에게, 하나님의 것은 하나님께 드려야 하며, 이 둘이 대립하게 될 때는 하나님을 먼저 섬겨야 한다. 그러나 이 경우는 하나님의 말씀에 근거하여 하나님의 방식으로 행해야 한다.

두 번째로 로마서 12장 18절은 "할 수 있거든 너희로서는 모든 사람과 더불어 화목하라"고 말씀하고 있다. 때로 이 말씀이 불가능할 때도 있긴 하겠지만, 전혀 불가능한 일은 아니다. 그러므로 우리는 평화를 유지해야 한다. 이 말씀에서 바울은 투쟁하기 전에 평화적인 제안을 하도록 말하고 있다. 그것이 다니엘과 사도들이 행한 방법이었다.

만일 다른 사람들이 싸움을 선언한다면, 우리는 그 일에 동참할 수 없다. 사람보다 하나님께 순종해야 하기 때문이다. 그러나 하나님께 순종하는 일에 신중함으로써 하나님께 영광이 되게 해야 한다. 진실한 마음으로 시민 불복종을 실행한다면, 하나님께서 영광을 얻으실 것이다.

● 거리낌 없는 양심을 위한 Question

1. 당신의 시민권은 어디에 있는가?

2. 당신이 정부의 권위에 경의를 표하는 기준은 무엇인가?

3. 당신은 하나님의 영광을 위하여 시민불복종을 행한 적이 있는가?

양심(개정판)

개정판 1쇄 인쇄 2009년 3월 30일

지은이 워렌 W. 위어스비
옮긴이 편집부
발행인 김용호
발행처 나침반출판사
등 록 1980년 3월 18일 / 제2-32호
주 소 110-616 서울 광화문 사서함 1641호
전 화 대표 (02)2279-6321 영업부 (031)932-3205
팩 스 본사 (02)2275-6003 영업부 (031)932-3207

www.nabook.net
nabook@korea.com
nabook@nabook.net

ISBN 978-89-318-1396-8 03230
책번호 가-1105

· 값은 뒷표지에 있습니다.
· 잘못 만들어진 책은 구입처나 본사에서 바꿔드립니다.

나침반출판사는 우리를 구원하신 아름다운 주님을
21세기 문명의 이기(利器)를 통하여 널리 전하고 싶습니다.